Udo Paulitz

Dampfloks
in Franken

Udo Paulitz

Dampfloks in Franken

Impressum

Einbandgestaltung: Katja Draenert

Titelbild: Eine ortsfeste und beständige Hochdruckwetterlage bestimmte die Zeit der Weihnachtsfeiertage 1972 bis zum Jahreswechsel. Sonnenschein, glasklarer Himmel und trockene Kälte mit Frost bis minus 15 Grad bildeten die Voraussetzungen für aussagekräftige Dampflok-Fotografie. Nur der Schnee fehlte, um auch den letzten Wunsch zum perfekten Winterbild zu erfüllen. Auf diesem Bild kommt 001 150 mit dem D 854 unter weißen Dampfwolken aus Kamin und Zylinderhähnen daher und legt sich im Einschnitt in der Nähe des Dorfes Förstenreuth in die Kurve. Der D-Zug hatte Hof um 12.10 h verlassen, erster Zwischenhalt war Münchberg um 12.32 h gewesen. Obwohl die starke 01 mit ihren vier Reisezugwagen keineswegs ausgelastet war, musste auf der Steigung bis nahe Stammbach trotzdem zügig gefahren werden, damit die knappe Fahrzeit gehalten werden konnte. Dieser Schnellzug durchfuhr als wohl einziger Reisezug auf dieser Strecke den Bahnhof Neuenmarkt-Wirsberg ohne Halt und erreichte nach Zwischenstops in Kulmbach und Lichtenfels um 13.52 h Bamberg. Das entsprach einer Reisegeschwindigkeit von respektablen 80,3 km/h. Ab Bamberg beförderte eine E-Lok den Zug weiter in Richtung Würzburg.

Frontispiz: Für westeuropäische Verhältnisse arge Minusgrade mit klirrender Kälte und strahlendem Sonnenschein herrschten am 20. Dezember 1972, als die Neubaukessellok 001 103 im Bahnbetriebswerk Hof von der Bekohlung zum Wasserfassen an den Kran rollte. Die winterlichen Temperaturen, die den Boden zu Eis erstarren ließen, sorgten dafür, dass der weiße Abdampf der Maschine kerzengerade in den Himmel stieg. Bei großer Kälte war es notwendig, im Bereich der Wasserkräne Koksfeuer in Stahlkörben zu unterhalten, um das Einfrieren der Wasserentnahmestellen zu verhindern. Aufnahmen wie diese lassen den beschwerlichen Winterdienst auf Dampflokomotiven erahnen.

Rücktitel: An dem schönen, klaren Herbsttag des 5. Oktober 1972 rollt 001 173 mit dem E 658 die »Schiefe Ebene« hinab. Aufnahme: Jürgen Mielke

Soweit nicht anders angegeben stammen alle Aufnahmen vom Verfasser

ISBN: 3-613-71226-1

© 2003 by transpress Verlag, Postfach 10 37 43, 70032 Stuttgart. Ein Unternehmen der Paul Pietsch Verlage GmbH & Co.

1. Auflage 2003

Lektorat: Hartmut Lange
Innengestaltung: Marit Wolff
Reproduktion: digi bild reinhardt, 73037 Göppingen
Druck und Bindung: Ludwig Auer GmbH, 86609 Donauwörth
Printed in Germany

Inhalt

Die seit dem 13. Januar 1968 beim Bw Hof beheimatete 01 111, eine Maschine mit Altbaukessel, verließ am 7. Januar 1969 bei winterlichem Wetter vor dem P 2819 den Bahnhof Neuenmarkt-Wirsberg zur Fahrt über die »Schiefe Ebene«. Obwohl die Umstellung auf EDV-gerechte Bezeichnungen bereits länger als ein Jahr zurücklag, führt diese 01 noch ihre ursprüngliche Nummer. Der von Lichtenfels nach Hof verkehrende Personenzug verließ seinen Ausgangsbahnhof planmäßig um 11.31 h und erreichte Neuenmarkt-Wirsberg um 12.23 h. Nach kurzem Aufenthalt ging es um 12.28 h wieder zur Sache. Für die Fahrt über die »Schiefe Ebene« benötigte der Personenzug 16 Minuten. In Münchberg hatte der Bummelzug, der für die 95 Kilometer bis Hof knapp drei Stunden benötigte, nochmals 22 Minuten Aufenthalt, denn es musste die Überholung durch den D 545 abgewartet werden.

Vorwort

Dampfloks in Franken — genauer gesagt ist es ja eigentlich die Gegend Oberfrankens und ein Teil der Oberpfalz, über deren Dampflokzeit dieses Buch berichtet. Denn vor genau 30 Jahren endete der Dampfbetrieb für die Schnellzugbaureihe 01 auf der Strecke Bamberg – Hof. Das allein ist Anlass genug, eine stimmungsvolle fotografische Reminiszenz auf diese faszinierende letzte Epoche der Dampftraktion in diesem Raum vorzulegen.

Die letzten Dampfschnellzuglokomotiven der legendären Baureihe 01 waren damals fast nur noch in Hof zu finden. Damals bedienten immerhin noch rund 20 dieser Maschinen die von Hof nach Westen und Süden führenden Strecken.

Das sprach sich im In- und Ausland in den »gewöhnlich gut informierten Kreisen« schnell herum. So wurde dieses nach der willkürlichen Grenzziehung nach 1945 eher abseits der großen Verkehrswege liegende Reservat besonders ab 1970 zu einem wahren Wallfahrtsort für Dampflokfreunde aus aller Welt. Unangefochten im Zentrum des Interesses stand aber zweifelsohne die berühmte »Schiefe Ebene«, eine teilweise als Kunstbau errichtete Steilrampe zwischen Frankenwald und Fichtelgebirge. Auf diesem spektakulären Abschnitt mussten die 01-Maschinen am Ende ihrer Lebenszeit nochmals ihre volle Leistungsfähigkeit unter Beweis stellen. Und es war für jeden, der es erlebt hat, ein optischer wie akustischer Hochgenuss, die gute alte 01 am Ende des Dampfzeitalters hier noch einmal in voller Aktion zu erleben.

Diese Rampenstrecke war wohl der eigentliche Höhepunkt, den jeder gesehen haben musste, wobei der Begriff »Schiefe Ebene« bei den Eisenbahnfreunden zu einem Synonym für die ganze Region wurde. Trotzdem war dies noch längst nicht alles, was dieser Raum zu bieten hatte, denn an der gesamten Strecke nach Hof gab es, eingebettet in eine überaus reizvolle und abwechselungsreiche Hügellandschaft mit Feldern, Wiesen und Waldabschnitten, unzählige hervorragende Fotomotive zu entdecken. Nicht minder interessant war die in Richtung Weiden führende Bahnstrecke, die aber wegen ihres geringeren 01-Anteils an der Zugförderung von Eisenbahnfotografen weniger stark besucht wurde. Um alles sehen zu wollen hätte man einfach mehr Zeit haben müssen!

Mit den 01-Lokomotiven, die zwar in erster Linie den Anlass für den Besuch dieser Region bildeten, erschöpfte sich der Dampfbetrieb aber keineswegs. Tatkräftige Unterstützung erhielt diese Baureihe von den allgegenwärtigen 50ern, die aber in erster Linie für Personen- und Güterzüge zuständig waren. Zusätzlich kamen 44er des Bw Weiden auf der nach Regensburg führenden Strecke zum Einsatz, und ganz vereinzelt begegnete man sogar einer 86.

Das Bw Hof war 1968 zum Auslauf-Bw für die Baureihe 01 erklärt worden. Zunächst blieb er noch konstant, aber bereits 1971 ging der Bestand langsam aber stetig zurück. Das Ende des Winterfahrplans 1972/73 im Juni 1973 erlebten nur noch sieben Maschinen. Als letzte Lokomotive schließlich wurde 001 111 am 6. März 1974 ausgemustert. Die 50er durften noch etwas länger die Fahne hochhalten.

Seit Ende der 60er-Jahre besuchte der Autor regelmäßig die hier vorgestellten Strecken. Aufgrund der Entfernung kamen dafür nur längere Zeiträume, wie etwa der Jahresurlaub oder verlängerte Feiertagsbrücken, infrage. Das Hauptreiseziel bildete der Abschnitt von Neuenmarkt-Wirsberg nach Hof, der mehrfach zu Fuß erwandert wurde. Trotzdem war es an noch längst nicht allen guten Fotostellen möglich, vorzeigenswerte Aufnahmen zu erstellen. Dafür war — neben vielen anderen Gründen — vor allem die noch zur Verfügung stehende Zeit viel zu kurz, zumal auch andere bedrohte Dampfregionen nicht aus den Augen verloren werden durften. Umso mehr sei Helmut Dahlhaus, Ulrich Diez, Jürgen U. Ebel, Hans-Jürgen Eggerstedt, Hilmar Glinski, Günter Haslbeck und Jürgen Mielke herzlich dafür gedankt, dass sie Farbaufnahmen für dieses Buch zur Verfügung stellten oder mit Anregungen und Auskünften aushalfen.

Ihnen, liebe Leser wünsche ich viel Freude beim Lesen, Entdecken, Schmökern und Erinnern an eine noch gar nicht so lange zurückliegende Zeit, in der auf die Dampftraktion noch nicht verzichtet werden konnte.

Udo Paulitz
Duisburg, im Juni 2003

Schnellfahrt durchs Maintal

Von Bamberg nach Neuenmarkt-Wirsberg

Bevor die nostalgische Reise mit den Dampfzügen in das schöne oberfränkische Land beginnt, seien den Schnellzuglokomotiven der Baureihe 01, die in diesem Buch ja die Hauptrolle spielen, an dieser Stelle einige Worte gewidmet. Leser, die mehr zu diesem Thema wissen wollen, seien auf

Unsere Fahrt beginnt in Bamberg, denn ab hier wurden die Reisezüge nach Hof mit Dampfloks der Baureihe 01 bespannt. So auch der täglich um 6.04 h ab Würzburg verkehrende E 1791. Dieser Eilzug fuhr bis Bamberg (Ankunft um 7.28 h) mit E-Lok. Dort erfolgte der Lokwechsel auf die 01, wofür planmäßig sieben Minuten zur Verfügung standen. Am 19. Mai 1973 hatte 001 088 die Aufgabe, diesen Zug zu befördern. Gepflegt wirkte diese Maschine, die jeden Glanz verloren hatte und von einer dicken Ruß- und Ölschicht überzogen war, weiß Gott nicht mehr. Aus betriebswirtschaftlicher Sicht der DB war die mangelnde Pflege sogar verständlich: Knapp vier Wochen später sollte der Plandienst für diese Baureihe zu Ende gehen, sodass in den Werkstätten an den zur baldigen z-Stellung vorgesehenen Lokomotiven nur noch das Allernotwendigste getan wurde.

Hier eine weitere Aufnahme von 001 088 vor der Abfahrt in Bamberg. Der Autor war am gleichen Morgen in diesem Zug mit Fotoausrüstung und Gepäck zu seinem dreiwöchigen letztmaligen 01-Dampfurlaub von Neuss angereist. Eine beim Personal auf dem oftmals erfolgreichen »Obergefreitenweg« höflich vorgebrachte Bitte um eine Führerstandsmitfahrt lehnte der Meister leider strikt und ziemlich unwirsch ab. Auch der Heizer musste mit der Bemerkung »... dafür sind schon einige Blaue geboten worden!« seinen Senf noch dazugeben.

die umfangreiche Literatur verwiesen, die in den vergangenen Jahrzehnten zu diesem Thema erschienen ist.

Zwischen 1925 und 1938 beschaffte die Deutsche Reichsbahn-Gesellschaft (DRG) in mehreren Bauserien insgesamt 231 Exemplare der Zwillings-Heißdampf-Schnellzuglokomotive der Baureihe 01. Sie entstand aus dem Wunsch nach einer schweren Schnellzuglok für Hauptbahnen mit einer maximalen Achsfahrmasse von 20 t. Die Konstrukteure entschieden sich für die Pacific-Bauart mit der Achsfolge 2'C 1'. Bei drei angetriebenen Achsen hatte die Maschine ein Reibungsgewicht von knapp 60 t.

Mit ihren 2 m großen Treibrädern war die 01 alles andere als eine Mittelgebirgslokomotive. Für derartige Einsätze – auf der »Schiefen Ebene« beispielsweise traten ihre Nachteile bei nur 226 t Anhängelast ohne Schubhilfe besonders deutlich zu Tage – war eine vierfach gekuppelte Schnellzuglokomotive wesentlich geeigneter.

Diese gab es bereits, als die 01 auf den Reißbrettern ihrer Konstrukteure entstand: Dies war zum einen die preußische P 10 (Baureihe 39), und zum anderen die sächsische Gattung XX HV (Baureihe 19^0), der legendäre »Sachsenstolz«. Allerdings hatte die Deutsche Bundesbahn (DB) ihre letzte P 10 bereits 1967 ausgemustert und die Baureihe 19^0 war bei der Deutschen Reichsbahn (DR) der DDR verblieben, sodass es am Ende der 60er-Jahre bei der Dampftraktion keine Alternative mehr gab.

Über Jahrzehnte prägte die imposante Erscheinung der Baureihe 01 das Bild des schweren Schnellzugdienstes von Reichs- und Bundesbahn in der Öffentlichkeit nachhaltig. Sie war wohl die bekannteste aller deutschen Einheits-Lokomotiven und stand bis zum Ende der Dampftraktion als moderne und starke Maschine in hohem Ansehen. Sie gehörte einfach zum Eisenbahnalltag! Und dieser Nimbus und hohe Bekanntheitsgrad umgab die 01 nicht nur bei Eisenbahnfreunden, son-

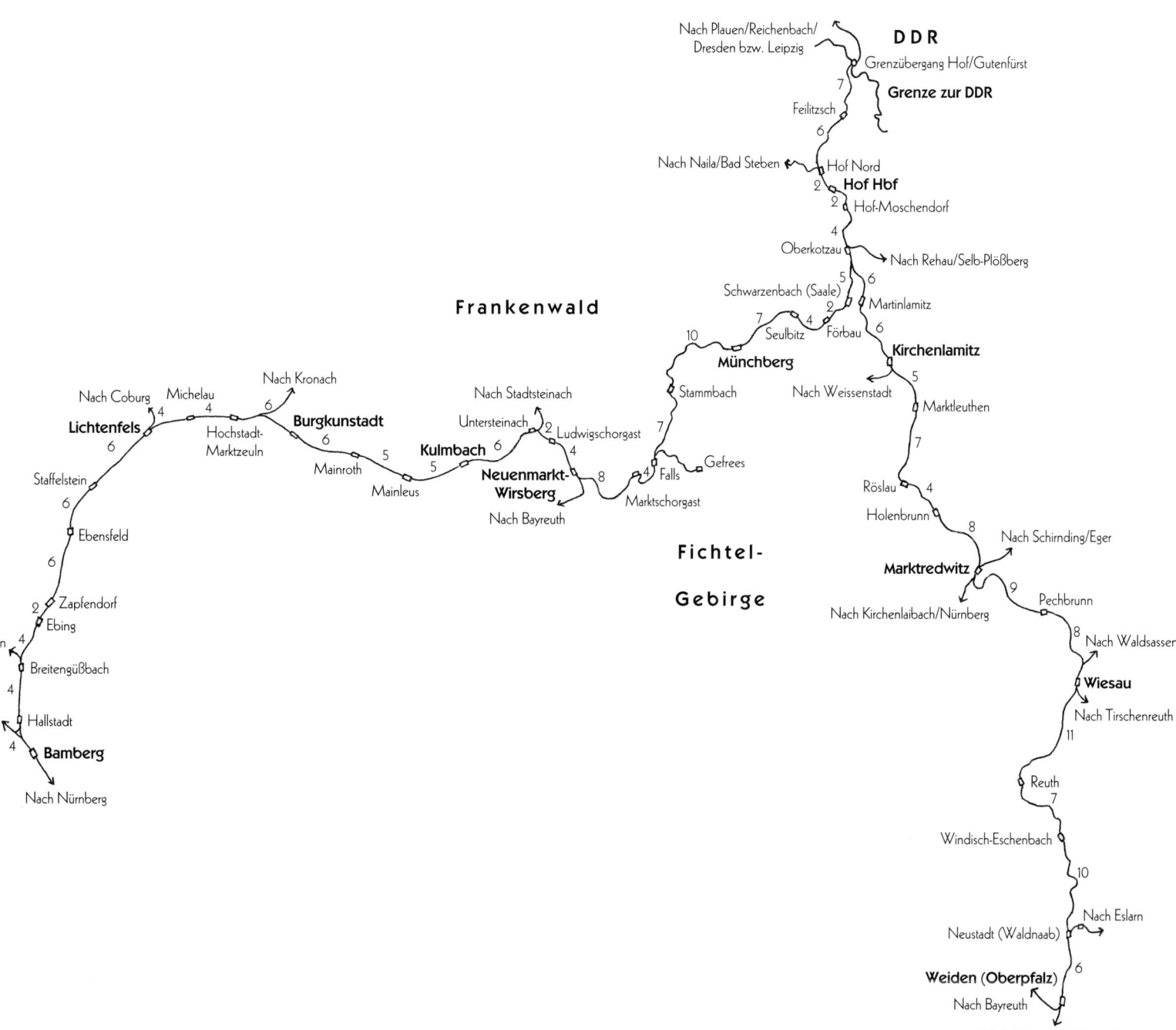

Nach Plauen/Reichenbach/
Dresden bzw. Leipzig

D D R

Grenzübergang Hof/Gutenfürst

7

Grenze zur DDR

Feilitzsch

6

Nach Naila/Bad Steben ← Hof Nord

2 **Hof Hbf**

2 Hof-Moschendorf

4

Oberkotzau → Nach Rehau/Selb-Plößberg

Schwarzenbach (Saale) 5

9 Martinlamitz 6

Förbau

Frankenwald

7 4

Seulbitz

10 **Kirchenlamitz**

Münchberg Nach Weissenstadt ← 5

Marktleuthen

Stammbach

7 7

Nach Kronach ↑

Nach Coburg ↑ Michelau

Lichtenfels 4 4 6 Burgkunstadt Nach Stadtsteinach ↑ Gefrees

6 Hochstadt- 6 Untersteinach Ludwigschorgast

Marktzeuln Kulmbach 2 4 Falls

Staffelstein Mainroth 5 6 4 Neuenmarkt- 8

6 Mainleus Wirsberg Marktschorgast

Ebensfeld Nach Bayreuth ↓ Röslau

6 Holenbrunn 4

Zapfendorf **Fichtel-** 8 Nach Schirnding/Eger ↑

2 Ebing **Gebirge** **Marktredwitz**

Ebern 4 9 Pechbrunn

4 Breitengüßbach Nach Kirchenlaibach/Nürnberg ← 8 Nach Waldsassen ↑

...ch 4 Hallstadt **Wiesau**

...burg ← Nach Tirschenreuth ↓

4 **Bamberg** 11

Nach Nürnberg ↓ Reuth

7

Windisch-Eschenbach

10

Nach Eslarn →

Neustadt (Waldnaab)

6

Weiden (Oberpfalz)

Nach Bayreuth ↓

Nach Schwandorf/Regensburg ↓

D ie Karte zeigt den Verlauf der
Strecken Bamberg – Hof und
Hof – Weiden mit Entfernungs-
angaben zwischen den Bahnhöfen
und Haltepunkten in Kilometern.

Der besonders im Schüler- und Berufsverkehr stark frequentierte und an Werktagen von Hof nach Lichtenfels verkehrende P 2808 verließ Hof Hbf bereits in der Frühe um 5.30 h. Am 25. März 1972 war 001 187 die Auserwählte für diese Leistung. Hier rast die Neubaukessellok unter einer sehr fotogenen, für diese Maschinen charakteristischen Dampffahne gegen 7.20 h in voller Fahrt zwischen Burgkunstadt und Hochstadt-Marktzeuln dahin. Aufnahme: Hans-Jürgen Eggerstedt

dern auch beim Publikum. Die DB rüstete ab 1958 insgesamt 50 Maschinen mit vollständig geschweißten Hochleistungskesseln mit Verbrennungskammer um. Dadurch erfuhr diese Baureihe zwar eine Leistungssteigerung, bereitete aber im Betrieb einige Probleme, da der neue Dampferzeuger bei hohem Wasserstand und schlecht aufbereitetem (= schäumendem) Speisewasser zum Wasserüberreißen neigte. Den Grund dafür sehen Fachleute in einem zu flachen Dampfdom, der dem großen Kesseldurchmesser bzw. der Profilfreiheit geschuldet war. Obwohl nur 50 so genannte Neubau-Ersatzkessel gebaut wurden, verzeichnet die Statistik insgesamt 51 umgerüstete Loks. Des Rätsels Lösung: 01 122 hatte 1965 einen Unfall und wurde ausgemustert, doch da ihr Neubaukessel unbeschädigt war, setzte ihn das Ausbesserungswerk Nied auf die 01 131.

Die Maschinen hatten drei Kuppelachsen, deren Treibräder einen Durchmesser von 2.000 mm aufwiesen, 20 t Achsdruck, 16 bar Kesseldruck, eine indizierte Leistung von 2.240 PS in der Ursprungsausführung bzw. 2.330 PS mit Neubaukessel und erreichten 120 km/h Höchstgeschwindigkeit (ab 01 102: 130 km/h). Gemäß Lastenheft konnte ein Reisezug mit 800 t in der Ebene mit 100 km/h befördert werden.

Doch zurück nach Oberfranken. Dort hatte die Baureihe 01 im Bw Hof eine lange Tradition, denn immerhin waren mit 01 005 bis 01 007 bereits 1926 die ersten Maschinen dieser Baureihe dort stationiert worden.

Doch Ende der 60er-Jahre neigte sich die Dampfepoche bei der DB unwiderruflich ihrem Ende entgegen und man bestimmte Hof zum Auslauf-Bw für die Baureihe 01 bei der DB. Die Fahrt der mit den Pacifics bespannten Eil- und Schnellzüge begann oder endete in Bamberg, der in 262 m Meereshöhe gelegenen alten Kaiserstadt. Bamberg war und ist wohl der bedeutsamste Bahnknoten Oberfrankens, denn

hier treffen sich sowohl die aus Richtung Nürnberg als auch die von Westen aus Frankfurt/Würzburg kommenden Hauptstrecken. Das Bamberger Bahnbetriebswerk war Wende-Bw für die Hofer 01, die hier restaurieren konnten.

Im Übrigen kam die 01 erst ab etwa 1950 durchgängig zwischen Hof und Bamberg zum Einsatz, nachdem die Strecke für 20 t Ausdruck verstärkt worden war. Für den Wechsel von E- auf Dampflok und umgekehrt sah der Fahrplan nur wenige Minuten vor, in denen alle notwendigen Tätigkeiten vom Ankuppeln bis zur Bremsprobe, erledigt werden mussten.

Ab Bamberg verlief die Bahnstrecke unter Fahrdraht am Main entlang bis zum 32 km entfernten Bahnhof Lichtenfels relativ eben. Sie war für 120 km/h Höchstgeschwindigkeit zugelassen. Hier konnte die 01, nachdem sie etwa bis Breitengüßbach auf Touren gekommen war, richtig aufdrehen. Vermutlich sind dort die Lokomotiven mehr als einmal mit ihrer Spitzengeschwindigkeit ausgefahren worden. Bei höherer Geschwindigkeit machten sich aber bei schlecht gespannten Tendern die durch das Zweizylindertriebwerk verursachten Schwingungen in den ersten Reisezugwagen unangenehm bemerkbar. Ab Lichtenfels – dieser Bahnhof war der Endbahnhof für die Hofer 50er – stieg die Strecke bis Kulmbach auf 30 km langsam von 272 m auf 326 m Meereshöhe an. Von Hochstadt-Marktzeuln bis Neuenmarkt-Wirsberg war die Höchstgeschwindigkeit auf der Kursbuchstrecke 810 – von einer Langsamfahrstelle bei Untersteinach abgesehen – auf maximal 105 km/h begrenzt. Der am Fuß der »Schiefen Ebene« auf 348 m Meereshöhe gelegene Bahnhof und frühere Lokstation Neuenmarkt-Wirsberg war Halt für alle Reisezüge mit Ausnahme des in Richtung Bamberg verkehrenden D 854, für den dort kein Halt vorgesehen war. Für die genau 74,3 km ab Bamberg benötigten Eil- und Schnellzüge etwas mehr als eine Stunde Fahrzeit, wobei sie in Richtung Hof einen Höhenunterschied von 86 m überwanden.

Am Nachmittag des 23. April 1973 frönte noch ein weiterer Eisenbahnfreund seinem Hobby in der Nähe Burgkunstadts. Er erwischte dabei die Neubaukessellok 001 180 in voller Fahrt vor dem Eilzug E 658. Der zwischen Hof und Saarbrücken verkehrende E/D 658 »Frankenland« war auf dieser Strecke der Paradezug, zumal er zur fotografisch besten Tageszeit (ab Hof 13.13 h) verkehrte. Der bis Würzburg als E 658 (ab hier fuhr dieser Zug als »D« weiter) geführte Zug war bis Bamberg planmäßig mit dem aus der Kurswagengruppe des von Görlitz kommenden D 146 gebildeten E 852 (Hof–Nürnberg) vereinigt. Hatte der D 146 Verspätung, musste – wie in diesem Fall – der »Frankenland« in zwei Teilen gefahren werden. Der E 658 wurde zur vorgesehenen Abfahrtzeit mit einer 01 auf die Reise geschickt, während die Kurswagen Görlitz–Nürnberg als D 12852 nach Ankunft verspätet mit einer anderen 01 ihrem Ziel entgegendampften. Aufnahme: Hans-Jürgen Eggerstedt

Für den »Frankenland« war um 14.16 h ein fahrplanmäßiger Halt von einer Minute in Burgkunstadt vorgesehen. Am 23. April 1973 sehen wir 001 180 kurz vor der Abfahrt des Zuges. Von der nahezu eben verlaufenden »Rennstrecke« zwischen Bamberg und Neuenmarkt-Wirsberg, auf der die Hofer 01 ihre Höchstgeschwindigkeit teilweise voll ausfahren konnten, existieren nur verhältnismäßig wenige Fotoaufnahmen. Denn die meisten Eisenbahnfreunde zogen die »Schiefe Ebene« und die weiterführende Strecke nach Hof allein schon wegen der vorhandenen Steigungen und den landschaftlich lohnenderen Motiven vor.
Aufnahme: Helmut Dahlhaus

E in sehr schönes Fotomotiv bot im Maintal die östlich von Kulmbach gelegene Plassenburg, die hier von der dahinjagenden 001 150 vor dem E 1791 am 17. Mai 1973 gegen 8.35 h in Richtung Hof passiert wird.
Aufnahme: Hans-Jürgen Eggerstedt

Von Hof über Bamberg, Würzburg, Frankfurt, Köln nach Dortmund war der Laufweg des täglich verkehrenden E 1622, eines bis zum Schluss planmäßig mit der Baureihe 01 bespannten Reisezuges. Er verließ Hof Hbf um 6.40 h und erreichte nach kurzen Zwischenhalten in Oberkotzau, Schwarzenbach und Münchberg um 7.34 h Neuenmarkt-Wirsberg. Am 22. Mai 1972 hatte die Neubaukessellok 001 180 den mit 24 Achsen etwa 240 t schweren Eilzug am Haken. Hier sehen wir, wie der Zug gegen 7.40 h unter einer infolge der Morgenkühle weißen Dampfwolke in schneller Fahrt die weitläufigen Wiesen in der Nähe des Ortes Kauerndorf im Tal des Weißen Mains in Richtung Kulmbach durchfährt.
Aufnahme: Hans-Jürgen Eggerstedt

Schon aus größerer Entfernung war am Morgen des 14. Oktober 1972 das charakteristische Hämmern der gegen 8.30 h aus dem Bahnhof Kulmbach mit dem E 1791 in Richtung Hof ausfahrenden Lokomotive 001 173 zu vernehmen. Auf diesem Bild, etwa zwei Kilometer östlich des Bahnhofes aufgenommen, stampft die sich noch in der Beschleunigungsphase befindliche Lokomotive mit ihrem Eilzug mit etwa 70 bis 80 km/h ihrem nächsten Halt Neuenmarkt-Wirsberg entgegen. Aufnahme: Hans-Jürgen Eggerstedt

052 425 mit Kabinentender dampft an dem recht frostigen zweiten Tag des Jahres 1973 mit dem ab Lichtenfels verkehrenden P 2819 östlich von Ludwigschorgast in Richtung Hof. Nach dem kurzen Halt in Untersteinach hat der Meister seine nicht allzu schwere Fuhre schnell wieder in Fahrt gebracht und jagt unter einer langen weißen Dampf- und Qualmwolke auf einem Damm in Richtung Neuenmarkt-Wirsberg daher. Dort wird der Personenzug infolge Überholung durch den D 853 von 12.37 h bis 13.02 h Aufenthalt haben. Aufnahme: Hans-Jürgen Eggerstedt

Eine fantastische Stimmung verbreitete 001 131, als sie vor dem E 659 unter einer herrlichen Abdampfwolke zwischen Untersteinach und Neuenmarkt-Wirsberg vor dem E 659 mit mindestens 120 km/h dahinjagte. Morgens hatte die Maschine den E 1622 nach Bamberg gebracht; dieser Eilzug war ihre Rückleistung nach Hof. Der von Saarbrücken über Heidelberg und Würzburg nach Hof verkehrende E/D 659 »Frankenland« verließ Würzburg Hbf — nun als Eilzug — um 11.57 h und wurde in Bamberg auf 01 umgespannt. Für den Lokwechsel von E- auf Dampflok standen in diesem Bahnhof bis zur Abfahrt des Zuges um 13.20 h zwölf Minuten zur Verfügung. Auf dieser kurz nach den Weihnachtstagen des Jahres 1972 entstandenen Aufnahme ist auf dem Tender die Kreideaufschrift »Frohes Fest« zu erkennen, eine schöne Sitte der Personale und Schuppenmänner, ihre Lokomotiven an solchen Anlässen mit entsprechenden Aufschriften zu versehen. Heutzutage kann man sich nur noch an den durch Schmierereien verunstalteten Lokomotiven und Wagen »erfreuen«.

An einem sonnigen aber sehr kalten Dezembernachmittag gegen Ende des Jahres 1972 bespannten die beiden Hofer Maschinen 001 088 und 001 173, beide mit Altbaukessel, den E 658 »Frankenland« gemeinsam. Der mehr als 400 t schwere Eilzug hatte den Bahnhof Neuenmarkt-Wirsberg planmäßig um 14.08 h in westliche Richtung verlassen. Am Aufnahmestandort, den zu Frost erstarrten Kauerndorfer Wiesen, hatte er schon über 100 »Sachen« drauf, als er im diffusen Streiflicht der schon schwächer werdenden Sonne in Richtung Kulmbach dahindonnerte. Wie schnell dieser Zug tatsächlich fuhr, kam erst bei Zugverfolgungen mit dem Pkw richtig zu Tage, denn man musste ab Falls schon »volles Rohr« über die Autobahn jagen, um ihn an dieser Stelle nochmals zu erwischen.

Am 2. Juni 1973, dem letzten Tag des Winterfahrplans 1972/73 und gleichzeitig Ende des Plandienstes der 01-Lokomotiven auf der Kursbuchstrecke 810, wurde 001 131 die Ehre zuteil, den Eilzug E 1622 von Hof Hbf nach Bamberg zu befördern. Diese Maschine war die einzige Lok mit Neubaukessel unten den zuletzt noch sieben betriebsfähigen 01ern, die das Ende dieser Fahrplanperiode erlebten. Die Lok ist an der Rauchkammer mit einem Frühlingsstrauß und der Aufschrift »Letzte Fahrt« sowie weiteren Kreideaufschriften am Tender geschmückt. Als Rückleistung stand für diese Lok der E 1863 an. Nach Ankunft in Hof Hbf um 13.33 h hatte 001 131 ihre Schuldigkeit getan und wurde bereits am folgenden Tag z-gestellt. Auf diesem Bild kann man die Maschine nochmals in voller Aktion vor ihrem Eilzug beim Durchfahren der Kauerndorfer Wiesen kurz vor Kulmbach erleben.
Aufnahme: Helmut Dahlhaus

Mit geschlossenem Regler – möglicherweise war ein zu spät gezogenes Signal die Ursache dafür – rollte 001 173 am 25. März 1972 vor dem zur Hälfte aus Reichsbahnkurswagen gebildeten D 852 (Hof – Bamberg – Nürnberg) in der Nähe von Ludwigschorgast dahin. Der 24-Achsen-Zug hatte Hof Hbf um 13.13 h verlassen und erreichte nach kurzen Zwischenstops in Münchberg, Neuenmarkt-Wirsberg, Kulmbach, Burgkunstadt und Lichtenfels um 15.05 h Bamberg, wo Anschluss an den E 658 in Richtung Saarbrücken bestand. Die 01 blieb bis Bamberg am Zug.
Aufnahme: Hans-Jürgen Eggerstedt

Sonniges Herbstwetter herrschte am 14. Oktober 1972, als der Fotograf die mit etwa 60 km/h vor dem Nahgüterzug Ng 16825 dahindampfende Kabinentenderlok 052 817 an der beliebten Fotostelle in den Kauerndorfer Wiesen auf die sprichwörtliche Platte bannte. Der meistens gut ausgelastete Zug fuhr mit Hofer Personal und verkehrte werktags ab 9.40 h von Lichtenfels bis zu seinem Zielbahnhof Hof, den er planmäßig um 12.53 h erreichte. Die Ankunft in Neuenmarkt-Wirsberg am Fuß der »Schiefen Ebene« war um 10.56 h. Nach dem Ansetzen der Schiebelok, in der Regel war es eine Maschine der Baureihe 211, ging es kurze Zeit später die 1:40-Rampe hoch. Die Grenzlast eines derart bespannten Zuges lag bei 700 t; dem Vernehmen nach ist es aber des öfteren vorgekommen, dass diese überschritten wurde. Aufnahme: Hans-Jürgen Eggerstedt

Neuenmarkt-Wirsberg am 23. Dezember 1972 frühmorgens bei herrlichem Sonnenschein und mindestens 15 Minusgraden Frost. Trotz der Kälte hatte sich eine größere Schar von Eisenbahnfotografen in Erwartung des aus Hof kommenden Eilzuges E 1648 an der westlichen Bahnhofsausfahrt versammelt. Welche Lok würde diesmal vor dem Zug sein? Die Spannung stieg, als schon bald ein entferntes Rauschen — es war der zu Tal fahrende Eilzug — aus Richtung »Schiefe Ebene« hörbar wurde. Augenblicke später tauchte ein schnell größer werdender dunkler Punkt mit Dreilicht-Spitzensignal unter der an der östlichen Bahnhofsausfahrt liegenden Straßenbrücke auf. Es war 001 150, die ihren Zug pünktlich auf die Minute um 9.25 h am Bahnsteig mit kreischenden Bremsen und von der Talfahrt noch heißen Bremsklötzen zum Stehen brachte. Bis zur Weiterfahrt in Richtung Lichtenfels und Bamberg schrieb der Buchfahrplan vier Minuten Aufenthalt vor. Es war völlig windstill. Aus dem Kamin der zum Halten gekommenen Maschine stieg neben den sich als Schattenriss im Gegenlicht abzeichnenden Formsignalen kerzengerade eine weit in den klaren Himmel ragende Rauch- und Dampfwolke auf. Bei dem kalten Wetter verhieß dies eine Bilderbuchausfahrt zu werden, die man sicherlich nicht jeden Tag erleben konnte! Pünktlich um 9.29 h — den Abfahrtpfiff des Aufsichtbeamten konnte man aus der Ferne gerade noch hören — setzte sich 001 150 unter zunächst verhaltenen, dann aber immer schneller und kräftiger werdenden donnernden Auspuffschlägen in Bewegung. Der Meister legte vor seinem 32-Achsen-Zug eine Ausfahrt hin, die sich gewaschen hatte! Der riesige Rauch- und Dampfpilz der mit maximaler Kesselleistung beschleunigenden Maschine übertraf alle Erwartungen und verfinsterte fast den Himmel. Die Kameraverschlüsse klickten als 001 150 immer mehr Fahrt aufnahm und mit dröhnendem Auspuff an den vor Begeisterung hingerissenen Eisenbahnfreunden vorbeizog. Es war eine Ausfahrt, die wohl allen unvergessen bleiben wird!

Die »Schiefe Ebene« hinauf!

Von Neuenmarkt-Wirsberg nach Marktschorgast

Wer die Abfahrt der schweren 01-Lokomotiven vor ihren relativ kurzen, leichten bis mittelschweren Reisezügen in Bamberg oder Lichtenfels beobachtete, konnte als Unkundiger leicht den Eindruck gewinnen, dass die 01 damit bei weitem nicht ausgelastet sei. Dies trifft für den Abschnitt bis Neuenmarkt-Wirsberg auch zu, doch ab hier änderte sich dies grundlegend: Im Bahnhof Neuenmarkt-Wirsberg beginnt

Diese Aufnahme vom E 658 »Frankenland« entstand am 10. März 1973 während des kurzen Halts in Neuenmarkt-Wirsberg. An diesem Tag kamen die Neubaukessellok 001 131 als Vorspannmaschine sowie 001 088 mit Altbaukessel der Bauart Wagner als Zuglok zum Einsatz. Die Vorspannmaschine kochte Dampf für die Weiterfahrt in Richtung Bamberg. Gleich wird der Abfahrauftrag durch den Aufsichtsbeamten erfolgen und die beiden Maschinen werden sich mit ihrem schweren Zug gemeinsam tüchtig ins Zeug legen – damals war das eine alltägliche Szene.
Aufnahme: Jürgen Mielke

mit der berühmten, in den Jahren 1844 bis 1848 errichteten »Schiefen Ebene« eine Steilrampe, die es auch aus heutiger Sicht noch in sich hat. Der Höhenunterschied von 157,7 m, der auf dem 7,6 km langen Abschnitt zwischen Neuenmarkt und Marktschorgast überwunden wird, stellte das Haupthindernis der ab 1841 im Bau befindlichen, von Lindau über Augsburg, Nürnberg nach Hof führenden bayerischen Ludwig-Süd-Nord-Bahn auf ihrem letzten Abschnitt bis Hof dar. Mit dieser Steilrampe, für die es in Deutschland kein Vorbild gab, betraten die Bahnbauer völliges Neuland.

Mit dieser Rampenstrecke, die im Taleinschnitt zwischen den Ausläufern von Frankenwald und Fichtelgebirge errichtet wurde, überwindet das im Jahr 1848 bis Hof eröffnete Teilstück den Hauptanstieg auf die folgende Hochfläche. Endgültig erreicht wird die Wasserscheide zwischen Main und Saale bzw. Rhein und Elbe aber erst nach weiteren 14 km Steigungsstrecke in der Nähe des Dorfes Schödlas östlich des Bahnhofs Stammbach.

Für alle mit 01ern bespannten Reisezüge ab fünf Wagen Länge war planmäßig eine Schiebelok erforderlich. Bis etwa 1967 wurde dieser Dienst mit Dampflokomotiven, zuletzt mit der Baureihe 50, der Bw-Außenstelle Neuenmarkt-Wirsberg des Bw Bayreuth durchgeführt. Ihr folgten bis zum Ende des 01-Einsatzes in erster Linie Dieselloks der Baureihen 211 (V 100), sowie 220 (V 200) oder in Ausnahmefällen auch der Reihe 260 (V 60), die diese Aufgaben zu übernehmen hatten. Mit dem Ende des Dampfbetriebes auf der »Schiefen Ebene« im Jahr 1975 gehörten die Schiebedienste auf der Rampe der Vergangenheit an. Es konnte auch vorkommen, dass die 01 die Rampe ohne Schubhilfe bei deutlich höherer Wagenlast bezwingen musste. Dies mochte bei trockener Witterung noch angehen, bei Niederschlag, ganz gleich ob als Regen oder Schnee, oder feuchtem Herbstwetter mit nassem Laub, das für einen glitschigen Schmierfilm auf den Schienen sorgte, konnten Lok und Personal leicht in

Schwierigkeiten geraten. Den kurzen Aufenthalt im Bahnhof nutzte der Heizer, um Spitzendruck für die nun folgende Bergfahrt zu bekommen. Nach den notwenigen Verständigungspfiffen zwischen Dampf- und Diesellok schob die am Schuss des Zuges befindliche Dieselmaschine den Zug langsam an, ehe die 01 loslegte. Wie bereits erwähnt, benötigte die 01 bei mehr als fünf Reisezugwagen (= 226 t) Schubhilfe, wobei die Höchstgeschwindigkeit des Zuges bei Einsatz einer Schiebelok maximal 60 km/h betrug. Dem Vernehmen nach soll es vorgekommen sein, dass sich die Maschinenmänner bei Einsatz einer langsamen V 60 einen Spaß daraus machten, den Diesel auf der Steigung abzuhängen, d. h. hinter sich herfahren zu lassen. Dies war möglich, weil die Schiebelok nicht an den Zug gekuppelt wurde, sodass sie am Ende der Steigung problemlos zurückbleiben konnte.

Jetzt galt es, auf der nur etwa 500 m langen, relativ ebenen Anlaufstrecke bis zur Linkskurve am Ende des Bahnhofs so viel Schwung wie nur möglich zu holen, denn bereits hier beginnt die Steigung. Diese weist bis zum Ende der Rechtskurve, etwa bei km 76,5 am Rand des Himmelkroner Laubenholzes, einen Neigungswinkel von 1:58 auf. Ab dort beginnt die eigentliche Steigung, die auf 5,5 km nicht unter 25 Promille sinkt. Nun wird der Himmelkroner Forst durchfahren und bei km 77 geht es unter der Stahlbetonbrücke der Bundesstraße B 303 hindurch. Bei etwa km 77,8 tritt die Strecke aus dem Wald heraus und führt im Bereich der schon lange aufgelassenen Blockstelle Streitmühle in eine enge Linkskurve, in der mit 25,3 Promille — das entspricht dem Wert von 1:37 — die größte Steigung dieser Rampe erreicht wird. Dies ist ein besonders kritischer Abschnitt der »Schiefen Ebene«. Von dem höher gelegenen Waldrand oberhalb der Blockstelle aus genießt man einen weiten Blick in das oberfränkische Land.

Ab dem Ende der Kurve führt die teilweise auf zwei gewaltigen, bis zu 32 m hohen, insgesamt 1700 m langen Stütz-

mauern errichtete Steigungsstrecke durch das Streit-
mühltal eng am steil aufragenden bewaldeten Fels
entlang. Die Bahn ist auf diesem Abschnitt in den
Jahren schon fast von der Vegetation zugewachsen,
sodass Stützmauer und Autobahn nur noch stellen-
weise zu sehen sind. Auf den folgenden etwa zwei
Kilometern windet sich die Trasse durch einige Kurven, deren Bau den Zweck verfolgte, die Strecke
künstlich zu verlängern, damit die Steigung nicht zu
stark wurde. Nach einer letzten Linkskurve bei km
81 tritt der Wald an der linken Seite zurück. Gitterträgerbrücke, Einfahrtsignal und links auf der Höhe
die kleine Marktschorgaster Kirche werden sichtbar.
Der Zug befindet sich nun auf dem Damm der Ziel-
geraden und nur noch wenige Augenblicke, dann
wird die Rampe bezwungen sein. Wohl jeder Lokführer und jeder Heizer ist froh, wenn er es bis dahin wieder einmal glatt geschafft hat. Hat der Zug
die alte Gitterträgerbrücke erreicht, ist die Steigung
überwunden. Der in 505 m Meereshöhe gelegene
Bahnhof Marktschorgast liegt in einer Rechtskurve
und wird, da er ziemlich eben liegt, schon mit merklich höherer Geschwindigkeit durchfahren. Die Schiebelok bleibt nun zurück, denn für den Rest des
Weges ist sie nicht mehr erforderlich.

001 202 im Sommer 1971 vor dem E 659 »Frankenland« kurz vor der Abfahrt im Bahnhof Neuenmarkt-Wirsberg. Der aus Saarbrücken
kommende Eilzug hatte hier zwischen 15.03 und 15.07 h Aufenthalt. In dieser Zeit musste sich die Schiebelokomotive, in der Regel eine
V 100 (Baureihe 211), an den Schluss des Zuges setzen. Wie in diesem Fall nutzte der Heizer der Zuglok meist den kurzen Aufenthalt
aus, um durch das so genannte »Dampf kochen« den Kesseldruck für die auf der Rampenfahrt seinem Dampfross in Kürze abverlangten
großen Leistungen und Dampfmengen zu erhöhen. Als äußeres Zeichen dieser Tätigkeit galt der pechschwarze, aus der Kaminöffnung
entweichende Qualm. Die infolge ihrer zwei Meter hohen Treibräder für Bergstrecken weniger geeignete 01 benötigte ab 226 t Zuglast
— das waren sechs Reisezugwagen — eine Schiebelok. Viel besser wäre für diese Einsatzbedingungen eine vierfach gekuppelte Maschine
gewesen, die aber abgesehen von der Personenzuglok P 10, der Baureihe 39, bei Reichs- und Bundesbahn nicht vorhanden war.
Aufnahme: Hilmar Glinski

Der am 14. Oktober 1972 von 052 817 geführte Nahgüterzug Ng 16825 begegnete uns bereits in einer Aufnahme bei Kauerndorf. Da der Fotograf über einen fahrbaren Untersatz verfügte, war es ihm bei der verhältnismäßig geringen Geschwindigkeit des Zuges möglich, diesen auf der nahen, gut ausgebauten Bundesstraße B 269 zu überholen und vor seiner Weiterfahrt über die »Schiefe Ebene« in Neuenmarkt-Wirsberg nochmals zu erwischen. Hier sehen wir den abfahrbereiten, von der Straßenbrücke über die östliche Bahnhofsausfahrt aufgenommenen Zug mit seiner Kabinentenderlokomotive. Die Schiebelok, eine Diesellok der Baureihe 211, hat sich schon hinten an den Zug gesetzt, um die Dampflok bei ihrer beschwerlichen Fahrt über die Steilrampe tatkräftig zu unterstützen.

Aufnahme: Hans-Jürgen Eggerstedt

001 008 steht in Neuenmarkt-Wirsberg bereit zur Fahrt über die »Schiefe Ebene«: Von hier aus waren bis zum Brechpunkt im 505 m über NN gelegenen Bahnhof Marktschorgast genau 157 m Höhenunterschied zu überwinden. Die Aufnahme, auf der die Altbaukessellok vor dem D 853 zu sehen ist, entstand am 10. März 1973. Wieder einmal zeigte sich das Wetter von seiner besten Seite. Der von Nürnberg über Bamberg nach Hof verkehrende Schnellzug verließ Neuenmarkt-Wirsberg planmäßig um 12.49 h und erreichte nach kurzem Zwischenhalt in Münchberg um 13.44 h seinen Zielbahnhof. Am rechten Bildrand dieser Aufnahme ist der Lokschuppen des früheren Bw Neuenmarkt-Wirsberg zu erkennen, der heute die überaus sehenswerte Fahrzeugsammlung des Deutschen Dampflok-Museums (DDM) beherbergt. Aufnahme: Jürgen Mielke

Als sich die Neubaukessellok 001 131 im Bahnhof Neuenmarkt-Wirsberg vor ihrem rund zehn Minuten verspäteten D 853 für die Fahrt über die »Schiefe Ebene« bereit machte, waren für den Dampfbetrieb – wie an der großen Menge der dort versammelten Fotografen unschwer erkennbar – die allerletzten Betriebstage in der letzten Maiwoche des Jahres 1973 bereits angebrochen. Die Lokomotive stößt zur Freude der vielen Eisenbahnfreunde eine geradezu furchterregend schwarze Qualmwolken in den bedeckten Himmel. Auf dem Bahnsteig nähert sich ein rotbemützter Aufsichtsbeamter, um die wilde Horde der durcheinander laufenden Fotografen unter Aufsicht zu haben. Und dies nicht ohne Grund, denn wenige Augenblicke später donnert unmittelbar auf dem Nebengleis der von Hof kommende, mit einer Altbau-01 bespannte Gegenzug D 854 ohne Halt durch den Bahnhof. Das untere Bild mit den zwischen beiden Zügen an ihren Geräten hantierenden Eisenbahnreportern dokumentiert dabei recht anschaulich, dass dieses Hobby nicht immer ungefährlich war und ist. Denn wie schnell konnte man durch einen kurzen Moment der Unachtsamkeit im wahrsten Sinne des Wortes unter die Räder kommen, was Leben und Gesundheit kosten konnte. Derartige Unfälle sind durchaus vorgekommen. Es versteht sich von selbst, dass solche Betriebssituationen von den DB-Dienststellen nicht gerne gesehen wurden und erklärt das voreingenommene Verhalten mancher Bahnbeamter gegenüber den Eisenbahnfreunden. Damals aber, vor rund 30 Jahren, sah man dies meist aus einem entgegengesetzten Blickwinkel. Beide Aufnahmen: Hilmar Glinski

Am 13. Mai 1970 erhielt der E 1791 pünktlich um 8.42 h mit seiner neubekesselten Lokomotive 001 210 den Abfahrauftrag zur Fahrt in Richtung Hof über die »Schiefe Ebene«. Es war immer ein interessantes Schauspiel, wenn sich eine bergwärts fahrende Maschine unter dunklen Qualmwolken und mit geöffneten Zylinderventilen in Bewegung setzte. Das vorgegebene Procedere der Abfahrt mit Schub sei hier kurz geschildert: Nach Erteilung des Abfahrauftrages Zp 9 durch den Aufsichtbeamten meldete sich in der Regel zuerst die Diesellok mit einem kurzen Signalpfiff und zeigte damit an, dass hinten alles in Ordnung sei. Die Dampflok quittierte mit der Dampfpfeife und gab damit das Zeichen »Verstanden!«. Daraufhin schob die Dieselmaschine den Zug langsam an und erst als sich dieser, einschließlich der Zuglokomotive, in eine langsame Vorwärtsrollbewegung gesetzt hatte, legte die Dampflok ebenfalls los. Die Taktik für den folgenden Streckenabschnitt war immer die gleiche: Auf der kurzen Gerade bis zur Linkskurve, in der das Steilstück begann, möglichst viel Schwung holen!

001 103, eine weitere Lokomotive mit Neubaukessel, verlässt am 6. Januar 1971 mit dem E 659 unter Volldampf das winterliche Neuenmarkt-Wirsberg. Am Schluss des Zuges schiebt eine Maschine der Baureihe 211 des Bw Bayreuth nach. Obwohl sie eigentlich leistungsfähiger waren als ihre Altbau-Schwestern, genossen die neubekesselten Maschinen wegen ihres Heißdampfreglers und einer gänzlich anderen Feuerungstechnik, insbesondere aber wegen ihrer Neigung zum Wasserüberreißen, zumindest bei den Hofer Personalen keinen sonderlich guten Ruf. Dazu kam, dass der mit 3,96 m² im Vergleich zur Ursprungsausführung kleinere Rost dieser Maschinen selbst unbedeutende Feuerungs- und Bedienungsfehler übel nahm und in der Regel sofort mit Schwierigkeiten bei der Dampferzeugung quittierte. Die in den 60er-Jahren infolge gestiegener Preise von der DB oftmals beschaffte minderwertigere Kohle und der in den letzten Jahren des Dampfbetriebes durch mangelnde Pflege und Unterhaltung herbeigeführte schlechte Allgemeinzustand der Lokomotiven taten ein Übriges, die Funktionstüchtigkeit dieser Hochleistungsmaschinen ganz zu Unrecht in Verruf zu bringen.

Der Schauplatz dieser Aufnahme ist die östliche Bahnhofsausfahrt von Neuenmarkt-Wirsberg an einem eisigen Dezembertag kurz vor Weihnachten des Jahres 1972. In gemeinsamer Anstrengung beschleunigen 001 173 und eine 211 den nach Hof bestimmten E 1791 auf der kurzen Geraden am Stellwerk 2 vorbei. Die gewaltige weiße Dampfwolke der Zuglokomotive bestimmt diese Aufnahme. Die Maschine legt sich hier in die Linkskurve in Richtung der bekannten rustikalen Steinbrücke und wird Dank der tatkräftigen Mithilfe der Diesellok eine Geschwindigkeit von etwa 50 km/h erreicht haben. Eine solch fantastische Stimmung vermittelt eben nur die Dampftraktion!

Dieses Aufnahme eines Kesselwagenbedarfszugs dürfte eine echte Rarität darstellen. Sie entstand im April 1971 am Fuß der »Schiefen Ebene« nahe der 1892 erbauten Steinbogenbrücke. Aus verständlichen Gründen wurde diese Rampe vom planmäßigen Güterverkehr weitgehend gemieden. Umso überraschter war der Autor, als an diesem Morgen kurz nach 9 h aus Richtung Neuenmarkt-Wirsberg plötzlich der unverwechselbare Auspuffschlag einer beschleunigenden dreizylindrigen Lokomotive herüberdrang. Bereits wenige Augenblicke später kam 044 136 des Bw Schweinfurt – die frühere 44 1136 – mit einem langen Kesselwagenzug in Sicht. Weil die Grenzlast dieser Baureihe auf dieser Rampe 526 t beträgt, kann es nur ein Leerzug gewesen sein, da ohne Schiebelok gefahren wurde. Leider musste der Autor diesen völlig unerwarteten Zug im Gegenlicht an einer fotografisch sehr ungünstigen Stelle mit einem »Notschuss« verarbeiten. Während in der Aufregung die Hauptaufnahme zu allem Überfluss noch verwackelt wurde, gelang es immerhin mit Hilfe des Nachschusses, diese seltene Leistung zumindest ansatzweise auf Zelluloid festzuhalten. Wie schön wäre es doch gewesen, wenn man von dieser Sonderleistung vorher gewusst zu hätte!

Die meisten Eisenbahnfotografen verließen ihr Nachtlager schon in aller Frühe, denn der Fahrplan nahm keine Rücksicht auf das Schlaf-bedürfnis der Fans. So auch an diesem 9. August 1971, als der P 2801 von Neuenmarkt-Wirsberg nach Münchberg mit seiner Loko-motive 052 491 bereits um 5.26 h seinen Ausgangsbahnhof verließ. Hier gelang die Ablichtung des Personenzuges in seiner ganzen Länge vom erhöhten Standpunkt der Steinbogenbrücke.
Aufnahme: Helmut Dahlhaus

01 131 – hier noch mit alter Betriebsnummer – fährt an dem sonnigen Wintertag des 7. Januar 1969 unter Mithilfe einer 211 mit dem D 545 – dieser Zug wurde ab Sommerfahrplan 1970 in D 853 umbenannt – in die Steigung ein. Nur drei Minuten Aufenthalt standen für das Ansetzen der Schublok in Neuenmarkt-Wirsberg zur Verfügung, bevor die Abfahrt um 12.48 h erfolgte. Das Streiflicht zeichnet die lange, von Qualm durchsetzte Abdampfwolke der Lokomotive plastisch gegen den Himmel ab. Wer möchte angesichts dieses stimmungsvollen Winterbildes die Zeit nicht um rund 30 Jahre zurückdrehen und eine solche Ausfahrt noch einmal genießen?

Um die Mittagszeit des 12. August 1972, genau um 12.26 h, hatte der von 001 202 geführte E 1863 aus Tübingen im Bahnhof Neuenmarkt-Wirsberg Ausfahrt erhalten. Bei herrlichstem Sonnenschein donnerte die unter Volldampf arbeitende Altbau-01 mit ihrem Eilzug unter der dreibogigen Steinbrücke hindurch, die durch den schwarzen Qualm der beschleunigenden Lokomotive teilweise verdeckt wird. Der Bau dieser Brücke wurde im Jahr 1892 anlässlich des Bahnhofsumbaus und der dadurch notwendigen Neutrassierung der Strecke im unteren Teil der »Schiefen Ebene« notwendig. Im Hintergrund ist das Einfahrtsignal des Bahnhofs aus Richtung Marktschorgast zu erkennen. Bis zu dem in etwa zwei Kilometer Entfernung beginnenden Waldeinschnitt ist mit 1:58 zunächst eine noch eher mäßige Steigung zu überwinden. Erst im Wald beginnt die eigentliche Steigung von 1:40 auf etwa 5,5 Kilometer Länge.

Am Samstag, dem 2. Juni 1973, verkehrte anlässlich der in diesem Jahr in Hof stattfindenden Tagung des Bundesverbandes Deutscher Eisenbahnfreunde (BDEF) unter den Zugnummern E 23408 und 23409 der völlig ausgebuchte 580 t schwere 14-Wagen-Gesellschafts-Sonderzug »Oberfranken-Express«. Trotz des hohen Zuggewichts wurde dieser zunächst von 001 173 von Hof Hbf über Marktredwitz bis Kirchenlaibach anstandslos befördert. Von dort aus zogen 064 415 und 086 809 den Zug über Bayreuth nach Neuenmarkt-Wirsberg. Zur Fahrt über die Schiefe Ebene übernahmen am Nachmittag des Tages die beiden Altbaukesselmaschinen 001 111 als Vorspann- und 001 173 als Zuglok mit 086 809 als Schiebelok den Zug bis Marktschorgast. Auf diesem Bild sehen wir den überwiegend aus Reichsbahn-Eilzugwagen gebildeten Sonderzug in flotter Fahrt bei km 76 am Fuß der Rampe. Er befindet sich auf dem geraden Abschnitt kurz vor der in den Wald und gleichzeitig in die eigentliche Steigung führenden Rechtskurve. Die Bahnstrecke war damals von unzähligen Eisenbahnfreunden und Schaulustigen umlagert, denn ein jeder wollten noch einmal die Dampfloks erleben.

Einen sehr guten Blick bot die bei km 76,9 über die »Schiefe Ebene« führende Stahlbetonbrücke der Bundesstraße B 303, die in den Jahren 1961/62 errichtet worden war. Im Hintergrund befindet sich die Rechtskurve, bei der die eigentliche Steigung von 1:40 beginnt. Dieser Wert besagt, dass auf 40 m Länge ein Meter Höhe gewonnen werden. Von hier an ging die Fahrgeschwindigkeit der Dampfzüge merklich zurück, was auch für den an einem Apriltag des Jahres 1971 von 001 180 geführten D 853 — trotz Mitwirkung der 211 am Schluss des Zuges — zutraf.

Diese beiden Seiten zeigen zwei gelungene Aufnahmen des in Richtung Hof fahrenden Nahgüterzuges Ng 16825, die von der Straßenbrücke entstanden. Links verräuchert die schwarz qualmende 052 945 am 17. Mai 1973 das frühlingshaft frische Grün des angrenzenden Himmelskroner Laubenholzes und auf der gegenüberliegenden Seite ist nochmals Lok 052 817 vor diesem Zug zu sehen (vgl. die Seiten 24 u. 32), den sie am 14. Oktober 1972 zu befördern hatte. Dieser langsame, zu einer vom Sonnenstand her günstigen Tageszeit verkehrende Güterzug eignete sich wegen seiner gegenüber Reisezügen viel geringeren Geschwindigkeit hervorragend für Zugverfolgungen mit dem Pkw. Beide Züge – die Grenzlast für die Baureihe 50 betrug auf der Steilrampe 371 t – wurden von einer 211 unterstützt. Auch nach dem Winterfahrplan 1972/73, der für die Baureihe 01 das Ende der Plandienste auf der Strecke Hof–Bamberg bedeutete, konnte man noch eine Zeitlang Dampflokomotiven – wenn auch »nur« noch der Baureihe 50 – auf der »Schiefen Ebene« vor einigen wenigen Personen- und Güterzügen erleben. Erst im Laufe des Januar 1975 wurden die letzten Hofer Maschinen an andere Dienststellen abgegeben. Beide Aufnahmen: Hans-Jürgen Eggerstedt

Die Fahrt mit einem dampfgeführten Zug über die »Schiefe Ebene« war – auch aus der Perspektive eines Fahrgastes im Reisezugwagen – immer ein besonderes Erlebnis. Die links gezeigte Aufnahme entstand am 29. Juli 1972 bei Regenwetter aus dem P 2819 heraus, oberhalb der früheren Blockstelle Streitmühle, dem steilsten Abschnitt der Rampe. Sie dokumentiert, dass sich 051 362 selbst vor einem relativ leichten Personenzug schon tüchtig ins Zeug legen musste, um die Steigung zu überwinden. Die auf der rechten Seite am 13. Juli 1972 vor dem E 1791 abgebildete neubekesselte 001 187 tat sich infolge ihrer starken Schiebelok der Baureihe 220 (vormals V 200) dabei wesentlich leichter und dampfte in flotter Fahrt die Steigung hinauf. Hier legt sich der Zug im Bereich der großen Stützmauer in die Kurve, die ein Geländer schützte.

Ein beliebter Fotopunkt der Eisenbahnfotografen war die Umgebung der ehemaligen Blockstelle Streitmühle, deren Standort einen weiten Blick ins Tal erlaubte. Im Jahr 1964 wurde dieses zuletzt mit Formsignalen der Einheitsbauart bestückte Stellwerk durch Lichtsignale mit Selbstblocksystem ersetzt, sodass man die Blockstelle im folgenden Jahr auflassen konnte. Die drei dazugehörenden Gebäude — zwei davon waren ehemalige Wohnhäuser für die Blockwärter — wurden nicht abgerissen, sondern an Privatleute verkauft und stehen noch heute. Das Winterbild entstand am schneelosen 23. Dezember 1972 etwas unterhalb der Blockstelle. Die vorausgegangene Nacht hatte das Thermometer bis auf stattliche 23 Grad minus sinken lassen und mit etwa 15 Grad minus war der Tag — trotz Sonnenschein — auch nicht viel wärmer. So bietet die fast vollständig in Qualm und Dampf gehüllte Lokomotive 052 889 einen interessanten Anblick. Die Maschine mit Kabinentender hatte an diesem Tag den schweren Ng 16825 am Haken und kämpfte, trotz Schiebelok, arg mit der Steigung. Eine solch eindrucksvolle Stimmung aus Rauch und Dampf kann eben nur eine Dampflokomotive verbreiten.

Am 14. Mai 1970 hatte der Autor Gelegenheit, im Führerstand der neubekesselten 001 210, der Zuglok des E 1791, mit offizieller Genehmigung der Bundesbahndirektion Regensburg von Neuenmarkt-Wirsberg bis Hof Hbf mitfahren zu dürfen. Der 240-t-Zug wurde zwischen Neuenmarkt-Wirsberg und Marktschorgast von einer 211 – häufig war es auch eine 220 (V 200) des Bw Würzburg – nachgeschoben. Da der Eilzug an diesem Tag etwa 30 Minuten Verspätung hatte, ergab sich die günstige Gelegenheit, den entgegenkommenden, von 001 180 geführten E 1648 noch im Bereich der »Schiefen Ebene« vom Heizerplatz aus aufzunehmen. Planmäßig kreuzten beide Züge normalerweise in der Gegend von Stammbach. Durch die Verspätung des E 1791 aber hatte sich der Gegenzug schon bis zur Steilrampe vorgearbeitet. Die Kreuzung geschah zum Glück in der Linkskurve bei km 79,8, wodurch sich die zu Tal rollende 001 180 mit fast dem gesamten Wagenpark abbilden ließ.

Hier nochmals ein Bild von der Umgebung der Blockstelle Streitmühle, diesmal vom oben gelegenen Waldrand aus. Von diesem Punkt hat man einen besonders weiten Blick ins Land. Mit Volldampf schleppte am 2. Januar 1973 die Neubaukessellok 001 211 ihren 24-Achsen-Eilzug E 1863 – ohne die bei dieser Zuglast eigentlich notwendigen Schiebelok! – über die Steilrampe. Konnte keine Schiebelok gestellt werden, lag es allein an der Entscheidung des Lokführer, ob er den Zug allein über den Berg bringen wollte. Denn die vorgegebene Grenzlast gründete sich nicht etwa darin, dass die 01 nicht in der Lage gewesen wäre, eine höhere Last zu bewältigen. Von 001 168 ist beispielsweise eine Fahrt mit acht Vierachsern ohne Schubhilfe über die »Schiefe Ebene« nachgewiesen. Der eigentliche Grund bestand darin, dass die Lokomotive bei einem außerplanmäßigen Halt in der Steigung imstande sein musste, den Wagenzug auch ohne fremde Hilfe wieder anfahren zu können. Und gerade diese Fähigkeit war bei der Baureihe 01 aufgrund der drei großen Treibräder beschränkt. War die Lok in einem gutem Zustand, die Überlast nicht zu groß und herrschte trockenes Wetter, nahm ein erfahrener Lokführer dieses Risiko meistens in Kauf. Andernfalls hätte das Warten auf eine Ersatzlok, das Abhängen von Wagen oder ähnliche Maßnahmen unweigerlich eine Fahrtüberschreitung und damit Rückfragen seitens der Oberzugleitung nach sich gezogen. Dieser bürokratische Papierkram war bei den Personalen manchmal mehr gefürchtet als ein erhöhtes Zuggewicht. 001 211 wurde am 21. April 1973 wegen Fristablaufs z-gestellt.

Dieses Foto zeigt einen von 001 173 geführten Reisezug, der auf der »Schiefen Ebene« talwärts fährt: Gegen 13.45 h rollt am 30. Juli 1969 der in dieser Fahrplanperiode noch als E 458 bezeichnete »Frankenland« zu Tal. Die Höchstgeschwindigkeit auf der Steilrampe in beiden Richtungen war für Reisezüge wohlweislich auf 70 km/h begrenzt. Aufnahme: Helmut Dahlhaus

Richtig zur Sache ging es an einem sonnigen Septembertag des Jahres 1972 auf der »Schiefen Ebene«: Mit Hilfe einer 211 am Schluss des Zuges wuchtet 001 131 in der S-Kurve bei km 80,0 den von Nürnberg nach Hof fahrenden D 853 mit seinen sechs vierachsigen Reisezugwagen die Rampe empor. Eine schwarze Qualmwolke schießt aus dem breiten, niedrigen Kamin der mit voller Kraft die Steigung empor stampfende Neubaukessellokomotive und verteilt sich über dem Wagenzug. Das Gegenlicht der Mittagszeit verleiht der gewaltigen Abdampfwolke ein sehr plastisches Aussehen. So oder ähnlich haben viele Freunde den Dampfbetrieb auf dieser Steilrampe in Erinnerung behalten.
Aufnahme:
Günter Haslbeck

Der wohl landschaftlich reizvollste Streckenabschnitt der »Schiefen Ebene« ist zweifelsohne das obere Teilstück ab etwa km 78,5. Als dieses Bild im Juli 1972 entstand, herrschte Regenwetter: Der von 001 180 geführte E 1791 durchfährt die langgezogene Doppelkurve bei km 80,0; Schiebelok ist eine Maschine der Baureihe 220. Auf diesem Bild ist die bei den Neubaukesselloks eigentümliche, aber sehr fotogene weiße Dampfkrause um den doppelwandigen Kamin gut sichtbar, bei dem innen die Rauchgase und außen der Abdampf der Hilfsmaschinen sowie des Mischvorwärmers abgeleitet wurde. Am Westhang des Frankenwaldes und des Fichtelgebirges traten Niederschläge infolge der von Westen her kommenden Luftmassen wesentlich häufiger auf, als in manchen anderen Regionen. Viele bei ihren Schienenwanderungen vom schlechten Wetter gebeutelte Eisenbahnfreunde können ein Lied davon singen.

Auf Regen folgt Sonnenschein: Bestes Fotowetter bestimmte den Julitag des Jahres 1972, als 001 173 bei der großen, maximal 32 m hohen Stützmauer vor dem E 1791 bergwärts über die Rampe in Richtung Marktschorgast dampfte. An diesem Morgen war es gegen 9.00 h bereits so warm, dass der Abdampf der hart arbeitenden Schnellzuglokomotive kaum zu sehen war. Aufnahme: Günter Haslbeck

Bereits zuvor war von den oft recht unbeständigen und unbere-
chenbaren Witterungsverhältnissen in dieser Region die Rede.
Das raue Klima sorgte für lange und kalte Winter, mit teilweise bis
weit in den April hinein reichenden Schneefällen. Für die Lokper-
sonale war es sicher kein Vergnügen, auf den durch Niederschlag
schlüpfrigen Schienen – egal ob bei Regen oder Schnee – über die
steile Rampe zu fahren. Auch an diesem 11. April 1973 war der
Winter nochmals in diese Region zurückgekehrt. Als sich gegen
13.00 h der von 001 150 geführte D 853 mit Schubunterstützung
durch die verschneiten Waldungen über die Steigung kämpfte,
herrschte dichtes Schneetreiben mit nur geringer Sichtweite. Sicher
war das Personal froh, schon bald den Brechpunkt in Marktschorgast erreicht zu haben.
Aufnahme: Ulrich Diez

Einen sehr reizvollen Ausblick auf den hohen Damm der aus Steinquadern errichteten oberen, etwa 900 Meter langen Stützmauer, bot ein Fotostandpunkt am gegenüberliegenden Hang an der Autobahn A 9 München–Berlin, den man von einem Parkplatz aus erklimmen konnte. Am 17. Mai 1973 dampft 052 945 mit dem Ng 16825 über den Steindamm. Die Maschine hatte bereits mit Lichtenfelser Personal – dessen Dienstbeginn war um 3.30 h – eine Fahrt von Hof nach Lichtenfels absolviert und befand sich nun mit einer Hofer Mannschaft auf der Rückfahrt. Der Fotograf Hans-Jürgen Eggerstedt verfolgte den Güterzug ab Ludwigschorgast mit dem Pkw und erwischte ihn insgesamt viermal. Am letzten Fotopunkt, in dem weiten Bogen östlich von Marktschorgast in Richtung Falls, bekam er einen gehörigen Schreck, als ihm ein vom Führerstand geworfener großer Brocken Steinkohle direkt vor die Füße flog. An diesem befand sich ein mit Draht befestigter Zettel mit der Bitte des Lokheizers Löhner aus Schwarzenbach/Saale, ihm doch Fotos von dieser Fahrt zuzusenden. Dieser Wunsch wurde selbstverständlich umgehend erfüllt.

Aufnahme unten: Hans-Jürgen Eggerstedt

Im Abendlicht eines der letzten Tage des Jahres 1972 keuchte die Altbaukessellok 001 168 mit den fünf Wagen des E 659 am Haken ohne Schubhilfe über die »Schiefe Ebene«. Lange bevor der Zug aus dem Wald heraustrat, war bereits der harte Auspuffschlag der 01 zu hören und eine aus dem Wald aufsteigende Dampfwolke zu sehen. Nur noch eine kurzes Stück hat 001 168 auf der letzten Gerade der Steigung vor Marktschorgast zurückzulegen, dann ist die gefürchtete Rampe wieder einmal bezwungen. Als der Zug gegen 14.35 h abgelichtet wurde, war in dieser lichtarmen Jahreszeit für den Fotografen schon fast das Tagespensum beendet.

Durch die Mittagshitze des Julitages 1972 lässt sich der Abdampf der vor ihrem Nahgüterzug Ng 16825 hart arbeitenden 051 889 praktisch kaum wahrnehmen, als sie mit ihrer am Schluss des Zuges befindlichen Schublok der Baureihe 211 das letzte Stück der Rampe bezwingt. Das Foto entstand von der alten Gitterbrücke über den Durchfahrtgleisen, die 1982 durch eine nüchterne Betonkonstruktion ersetzt wurde. Damals war dies stets ein beliebter Fotostandpunkt für viele Eisenbahnfreunde.

Am 30. April 1972 hat 001 008 gegen 8.55 h mit E 1791 die Linkskurve vor Marktschorgast durchfahren und müht sich über die letzten Steigungsmeter. Unten rollt 001 229 am 29. Juli 1969 mit dem täglich zwischen Hof und Lichtenfels verkehrenden E 532 an der Marktschorgaster Kirche vorbei ins Gefälle in Richtung Neuenmarkt-Wirsberg. Die Zuglok war erst am 8. März 1969 für einige z-gestellte oder verunfallte Maschinen aus dem Bw Braunschweig nach Hof umbeheimatet worden. Neben 001 149 und 001 183 musste damals 001 081 ausgemustert werden. Letztere war am 17. Februar 1969 als Vorspannlok des Regensburger D 145 bei etwa 110 km/h an einem Bahnübergang mit einem Tanklastzug zusammengestoßen, wobei die Maschinenmänner ums Leben kamen. Für 001 229 war Hof die letzte Heimatdienststelle; sie wurde dort am 23. März 1972 z-gestellt. Aufnahme oben: Hans-Jürgen Eggerstedt; unten: Helmut Dahlhaus

Kurze Verschnaufpause im Bahnhof Marktschorgast. Die erst am 17. Juni 1972 vom Bw Ehrang nach Hof umstationierte 001 227 ist am 8. Juni 1972 um 18.35 h mit dem bunt zusammengesetzten P 2850 am Bahnsteig zum Halten gekommen. Während der Zug-schaffner offenbar noch ein Schwätzchen mit der Bahnhofsaufsicht hält, wartet das Lokpersonal auf den Abfahrauftrag. Dem um 17.29 h in Hof gestarteten Personenzug stehen jetzt zehn Minuten Talfahrt bis Neuenmarkt-Wirsberg bevor. Der Zuglauf des an jeder Station halten-den, montags bis freitags als P 2852 bezeichneten und überwiegend dem Berufsverkehr dienenden Zuges ging bis Lichtenfels. Die An-kunftszeit an den Wochenenden war 19.36 h; an den übrigen Wochentagen infolge des verlängerten Aufenthalts in Neuenmarkt-Wirs-berg erst um 19.51 h. Das waren bei einer Entfernung von 95 Kilometern wahrlich keine Spitzenzeiten, die aber nicht unbedingt der Dampfbespannung anzulasten waren.
Aufnahme: Hans-Jürgen Eggerstedt

Über Wasser-scheide und Münchberger Gneisplatte

Von Marktschorgast nach Hof

Hatten Lok und Personal eines bergfahrenden Zuges das im Jahr 1854 aus Buntsandsteinquadern erbaute Stationsgebäude von Marktschorgast auf ihrer linken Seite passiert, war das schwierigste Streckenstück auf der Fahrt nach Hof geschafft.

Durch die relativ ebene Lage der Bahnhofsgleise konnten die Dampflokomotiven schnell wieder Fahrt aufnehmen. Unmittelbar am Ende dieser Gleise beginnt eine weitere Steigung,

An einem frostig-kalten Wintertag, Ende Dezember des Jahres 1972 donnerte exakt um 12.39 h der E 1863 mit seiner Zuglok 001 168 durch den Bahnhof Marktschorgast. Der aus sechs vierachsigen Reisezugwagen bestehende Eilzug hat die Rampe mit Hilfe der Schiebelok nach elf Minuten Fahrzeit bezwungen. Die nicht gekuppelte 211 wird jetzt zurückbleiben, denn die 01 kann die folgende, durchschnittlich 1:100 starke Steigung, die östlich von Stammbach endet, allein bezwingen. Die hohen Bäume am linken Bildrand warfen bei der zu dieser Tageszeit bereits tiefstehenden Sonne ihre Schatten auf einen Teil der Gleisanlagen.

die aber mit durchschnittlich 1:100 nicht entfernt der »Schiefen Ebene« gleicht. Wohl infolge des rückläufigen Verkehrsaufkommens auf dieser Strecke demontierte die DB im Sommer 1970 das zweite Gleis zwischen Marktschorgast und Stammbach, was für die zukünftige Betriebsabwicklung auf diesem Abschnitt nicht gerade von Vorteil war.

Auf dem Weg nach Falls umrunden die Züge zunächst den Goldberg. Nun öffnet sich die Landschaft und die Strecke verläuft – immer noch konstant in einer Steigung von 1:100 liegend – in einem weitgeschwungenen Bogen, der zur Dampflokzeit regelmäßig unzählige Fotografen anlockte. Dieser landschaftlich sehr reizvolle Abschnitt war bei den Eisenbahnern als Schneeloch berühmt-berüchtigt, denn in harten Wintern kam es in der Vergangenheit gerade hier schon mehrfach zu Schneeverwehungen und Streckensperrungen. Nach gut vier Kilometern wird in 545 m Meereshöhe der kleine idyllische Bahnhof Falls durchfahren, von dem die zu Dampfzeiten – zum Schluss mit einer V 60, die einen Bi-Wagen zog – noch bediente Stichbahn nach Gefrees abzweigte. Für verschiedene Reisezüge war Falls, nachdem das zweite Gleis entfernt worden war, zwangsläufig Kreuzungsbahnhof.

Der weiterhin auf eingleisige Betriebsführung zurückgebaute Abschnitt bis zum 6,6 km entfernten Bahnhof Stammbach führt mit vielen Kurven durch eine sehr abwechselungsreiche Landschaft, mit Wäldern, Wiesen, Feldern und oftmals freiem Blick auf die Höhen des östlich der Strecke befindlichen Fichtelgebirges. Zwischen Neuenmarkt-Wirsberg und Münchberg war die Streckenhöchstgeschwindigkeit auf 65 bis 70 km/h begrenzt. Bis Stammbach verläuft die Bahn in stetig zwischen 1:100 und 1:125 ansteigenden Neigungswinkeln. Von hier aus geht es wieder zweigleisig weiter. Bis zum Ende der östlich Stammbachs bei Schödlas in 598 m Meereshöhe liegenden Steigung werden seit Marktschorgast auf 14 Kilometern Entfernung weitere 93 m Höhe überwunden. Dies ist gleichzeitig die geografische Wasserscheide zwischen Main und Saale.

Ab hier konnte der Lokführer den Regler schließen und seine Fuhre die folgenden Kilometer bis zum in 547 m Höhe befindlichen Bahnhof Münchberg mehr oder weniger rollen lassen. Für die in Richtung Bamberg verkehrenden Dampfzüge bedeutete die mit einem Höchstwert von ebenfalls 1:100 starke Steigung bis zum Brechpunkt bei Schödlas ein gehöriges Stück Arbeit. Dies traf besonders auf den bis zum Winterfahrplan 1972/73 in Einfachbespannung gefahrenen E 658 »Frankenland« zu, mit dem so manche Lokomotive ihre Mühe hatte. Der Bahnhof Münchberg war Haltepunkt für sämtliche auf diesem Abschnitt der Kursbuchstrecke 810 verkehrenden Reisezüge.

Ab Münchberg geht es über die Hochfläche der Münchberger Gneisplatte im Gefälle weiter bis zu dem in 6,6 Kilometern Entfernung befindlichen Bahnhof Seulbitz. Die Bahnstrecke folgt nun bis Hof dem Lauf der Sächsischen Saale. Östlich von Seulbitz verflacht sich die Strecke und weist mit einem Neigungswinkel von etwa 1:500 in Richtung Hof keine Schwierigkeiten auf. Östlich des Haltepunktes Förbau folgt als nächster wichtiger Bahnhof Schwarzenbach/Saale in 504 m Meereshöhe, an dem damals neben Personenzügen auch verschiedene Eilzüge hielten. Auf der Weiterfahrt in Richtung des 5,4 Kilometern entfernten, in 485 m Meereshöhe liegenden Bahnhofs Oberkotzau fädelt sich von rechts kommend in der Nähe des Dorfes Fattigau die Kursbuchstrecke 850 aus Richtung Regensburg/Weiden ein. Bis Hof nutzen beide Linien denselben Schienenstrang. Die letzten 5,4 Kilometer bis Hof Hbf verlaufen bis zum Zielbahnhof in leichter Steigung. Kurz vor dem Haltepunkt Hof-Moschendorf wird das kleine steinerne Saaleviadukt überquert, und nach einigen weiten Gleisbögen geht es in eine Linkskurve am rechts befindlichen Bahnbetriebswerk vorbei in die ausgedehnten Gleisanlagen des Hauptbahnhofs Hof, der auf 495 m Meereshöhe liegt. Wenn Dampflok und Zug am Bahnsteigende zum Stehen kamen, war das Pensum wieder einmal geschafft.

Die Rampe ist geschafft! Mit merklich zunehmender Geschwindigkeit umrundet am 19. Juli 1968 der E 871 auf seiner Fahrt nach Hof mit der Lokomotive 01 131 bei km 83,1 den etwa anderthalb Kilometer vom Bahnhof Marktschorgast entfernten Goldberg. Dieser Eilzug verkehrte in diesem Fahrplanabschnitt täglich zwischen Lichtenfels und Hof. Zu diesem Zeitpunkt war, wie hier zu sehen, auf diesem Streckenstück das zweite Gleis noch vorhanden. Es wurde zwischen den Bahnhöfen Marktschorgast und Stammbach im Sommer 1970 abgerissen und damit eine weitere DB-Strecke mit einem Engpass und nur eingeschränkter Durchlässigkeit geschaffen. 01 131, auf diesem Bild noch mit ihrer alten Betriebsnummer, gehörte eigentlich nicht zu der Gruppe der 50 zwischen 1958 bis 1961 mit neuen Hochleistungskesseln versehenen Maschinen. Erst nach der unfallbedingten Ausmusterung von 01 122 erhielt sie 1966 ihren Neubaukessel. 001 131 war gleichzeitig die letzte 01 mit Neubaukessel der DB, die am 3. Juni 1973 z-gestellt wurde.

Hof, von der damaligen Fremdenverkehrswerbung mit dem Slogan »In Bayern ganz oben« versehen, war schon zu Zeiten der Königlich Bayerischen Staatsbahn ein bedeutender, auf dem Weg nach Leipzig und Dresden gelegener Eisenbahnknotenpunkt. Die Strecke München – Hof – Plauen – Reichenbach – Leipzig gehörte zu den wichtigsten Magistralen des Deutschen Reiches. Ein großer Teil des Verkehrs zwischen Süddeutschland und Mittel- bzw. Ostdeutschland lief über diese Strecke. Nach der willkürlichen Grenzziehung im Jahr 1945 kam diesem Platz seine frühere Bedeutung weitgehend abhanden, und auch der nach der Wiedervereinigung erhoffte Aufschwung ist bislang ausgeblieben.

In den letzten Monaten des planmäßigen 01-Einsatzes zwischen Bamberg und Hof waren die markantesten Fotopunkte mehr oder weniger stark von Fotografen besucht, vor allem an Wochenenden und Feiertagen. Ein solcher Standort war die große Kurve zwischen Marktschorgast und Falls, denn der weitgeschwungene Bogen mit dem Blick über das weite Land war ein sehr reizvolles Motiv. Am 23. Dezember 1972 hatten 001 103 und 111 den im Vorweihnachtverkehr auf zehn Reisezugwagen verstärkten D 853 gemeinsam über die Rampe gebracht und donnerten kurz nach eins an dieser Stelle vorbei. Beide Lokomotiven beschleunigten ihren Zug in der nun merklich schwächeren Steigung kräftig.

Den von Stuttgart über Nürnberg und Bayreuth nach Hof fahrenden E 1655 übernahm in Neuenmarkt-Wirsberg eine Dampflok. Früher war dies eine 01, zum Zeitpunkt der Aufnahme im Mai 1973 war dieser Plan schon lange in der Hand von Hofer 50ern. Dieser Zug verließ um 16.43 h Neuenmarkt-Wirsberg und erreichte nach mehreren Zwischenhalten um 17.42 h seinen Zielbahnhof. Die auf 80 km/h Höchstgeschwindigkeit begrenzte Güterzuglok musste sich jedes Mal kräftig ins Zeug legen, um die knappe Fahrzeit halten zu können. Hier begegnen wir dem Eilzug nahe der über die Bahnstrecke führenden Straße von Marktschorgast nach Gefrees, westlich des Bahnhofs Falls gelegen. Der Waldstreifen hinter dem Zug wurde zum Schutz der Bahnstrecke gegen Schneeverwehungen angepflanzt.

Die letzten von Dampfzügen befahrenen Eisenbahnstrecken in Oberfranken waren überwiegend von großer landschaftlicher Schönheit und voller abwechselungsreicher Fotomotive. Dies traf nicht nur auf die »Schiefe Ebene«, sondern fast auf die gesamte Strecke bis Hof zu. Ein beliebter Fotopunkt war die nicht weit vom Bahnhof Falls entfernte kleine Steinbrücke bei km 84,8. Dort begegnen wir im Mai 1973 dem kurzen, werktäglich verkehrenden Personenzug P 2828, der mit seiner Kabinentenderlokomotive 052 890 um 14.25 h den Bahnhof Falls in Richtung Marktschorgast verlassen hatte. Auf diesem Bild sind die schwarzen Rußablagerungen an der Brücke, das unverkennbare Zeichen einer Dampfstrecke, auf dem bergwärts führenden Gleis gut auszumachen. Wie schon erwähnt, hatte man das zu Tal führende zweite Gleis, dessen Schotterbett links unter dem ersten Grün noch gut zu erkennen ist, im Sommer 1970 abgebaut.

Der fünf Kilometer von Marktschorgast entfernt in Richtung Hof liegende kleine Bahnhof Falls war ein idyllischer Platz und gleichzeitig Ausgangspunkt einer Stichbahn zu der ebenfalls fünf Kilometer entfernten Ortschaft Gefrees. Diese Strecke wurde im September 1973 wegen der immer stärker schrumpfenden Fahrgastzahlen für den Personenverkehr stillgelegt. Im Juli 1972 hingegen, als gegen 16.30 h die Altbaukessellokomotive 001 202 mit dem von Hof kommenden E 1794 die kleine Station ohne Halt durchfuhr, war die Welt der Eisenbahn zumindest hier noch in Ordnung.

Im Winterfahrplan 1972/73 war die Station Falls regelmäßig Kreuzungsort für den in Richtung Hof fahrenden E 1863 und den aus der Gegenrichtung kommenden D 854. Ursache für diese hinderliche und bei Unpünktlichkeiten zeitraubende Betriebssituation war der eingleisige Betrieb auf diesem Abschnitt, eine Folge des Gleisrückbaus. Für Eisenbahnfreunde hingegen war diese Begegnung jedes Mal ein lohnendes Fotomotiv. In der Regel traf der Eilzug – wie hier mit 001 111 im Dezember 1972 – zuerst ein und musste die Durchfahrt des D-Zuges, der an diesem Tage mit 001 168 bespannt war, abwarten, ehe auch er weiterfahren durfte.

73

Um die Mittagszeit eines sonnigen Julitages des Jahres 1972 kämpfte sich die Kabinentenderlokomotive 052 945 mit dem Ng 16825 die lange 1:100-Steigung in Richtung Stammbach hinauf. Die Maschine mit Kriegsführerhaus legte sich in der Nähe des östlich des Bahnhofs Falls liegenden Dorfes Höflas mit ihrer schweren Last in die Kurve. An dieser Stelle hatte die Lokomotive mit ihrem Zug zwar mit der »Schiefen Ebene« den schwierigsten Abschnitt auf ihrer Fahrt nach Hof geschafft, die restliche Steigung bis östlich von Stammbach musste nun aber ohne Schubhilfe bezwungen werden. An diesem Tag war der Zwillingsauspuffschlag der hart arbeitenden Maschine schon von weitem zu hören. Nach Ankunft in Hof gegen 13 h war für das Personal dann endlich Feierabend.

Diese beiden, in den letzten Dezembertagen des Jahres 1972 bei großer Kälte entstandenen Streckenaufnahmen zeigen mit 01-Lokomotiven des Bw Hof bespannte Reisezüge. Damals wusste so ziemlich jeder passionierte Dampflokfreund, dass in aller Kürze das letzte Stündlein für die wenigen Überlebenden dieser berühmten kohlegefeuerten Dampfschnellzuglokomotive geschlagen hatte und dies der letzte Winterplandienst für diese Baureihe werden würde. Viele Eisenbahnfreunde nutzten die freien Tage »zwischen den Jahren« zu einem Urlaub an dieser Dampfstrecke und nahezu alle Quartiere, u. a. auch das alte Bahnhofshotel Niklas, waren bis auf das letzte Bett belegt. In der Abbildung oben befördert 001 173 den an diesem Tag recht kurzen E 1791 durch die vereiste Landschaft über den eingleisigen Abschnitt zwischen Falls und Stammbach. An diesem Tag herrschte etwa minus 12 Grad Frost, was allein schon die geschlossenen Seitenfenster im Führerstand der Dampflokomotive belegen. Denn diese wurden, wann immer es möglich war, wegen der sehr begrenzten Sichtverhältnisse durch die schmalen Frontfenster offen gehalten. Unten führt 001 150 gegen 13.15 h den D 853 in der Nähe des Dorfes Höflas in Richtung Hof. Der Weihnachtsgruß auf dem rechten Windleitblech der Maschine weist auf die früher verbreitete schöne Sitte der Maschinenmänner hin, an Festtagen ihre Lokomotiven zu schmücken bzw. mit entsprechenden Aufschriften zu versehen. Mit der Dampflokzeit endete diese schöne Tradition und damit ein weiteres kleines Stückchen Menschlichkeit, denn heute wird man derartige Grußworte an einem ICE vergeblich suchen.

Der täglich zwischen Hof und Lichtenfels verkehrende Personenzug P 2826 gehörte zu den Leistungen der Baureihe 50. Er verließ seinen Ausgangsbahnhof um 11.38 h und erreicht nach fast zweieinhalb Stunden Fahrzeit um 14.00 h sein Ziel. Diese nicht gerade rekordverdächtige Fahrzeit auf dem 95 Kilometer langen Abschnitt war u.a. in einem 26-minütigen Aufenthalt in Neuenmarkt-Wirsberg (Überholung durch den D 854) begründet. Dieser stimmungsvolle Nachschuss im Gegenlicht entstand an einem kalten Dezembertag des Jahres 1972 auf dem eingleisigen Abschnitt südlich des Bahnhofs Stammbach.

Brütend heiß war es an jenem 21. Juli 1972, als sich der Autor zusammen mit seinem englischen Freund Brian Wright auf Streckenwanderung vom Bahnhof Falls bis nach Stammbach befand. Zuvor aber war noch ein Abstecher ins Dörfchen Falls nötig, um im einzigen Krämerladen des Ortes Verpflegung und vor allem Getränke zu kaufen. Erst dann konnte es losgehen. Obwohl an diesem Tag insgesamt nur wenig mehr als 15 Kilometer zu bewältigen waren, wurde dieser Marsch wegen der schwül-warmen Hitze bald zur Qual. Motivation und Lust an der Dampflokfotografie sanken dementsprechend fast auf den Nullpunkt. In dieser Stimmung wurde etwa um 14.45 h der in Richtung Hof fahrende E 659 »Frankenland« mit der Neubaukessellok 001 131 mehr mechanisch als begeistert abgelichtet. Am Himmel tauchten bereits die ersten Quellwolken auf und kaum dass wir gegen 18 h den Bahnhof Stammbach noch rechtzeitig erreicht hatten, ging ein starkes Gewitter nieder, wie man es nur selten erlebt.

Am selben Tag passierte gegen 12.30 h der P 2826 mit der Lokomotive 052 452 auf seiner Fahrt nach Lichtenfels den eingleisigen Abschnitt zwischen Stammbach und Falls. Der Meister lehnt weit aus dem Fenster seines heißen Arbeitsplatzes, um bei der Bullenhitze zumindest etwas Kühlung durch den Fahrtwind zu erhalten.

Eine Glückssekunde für den Fotografen! Denn es gehörte nicht nur Können dazu, die sich täglich etwa zwei Kilometer östlich von Stammbach begegnenden Eilzüge E 1648 und E 1791 so optimal auf Zelloloid zu bannen. Am 9. Juli 1972 war es genau bei km 94,9 gegen 9 h, als sich der von Hof kommende, mit 001 202 bespannte Eilzug E 1648 und der E 1791 mit seiner Lokomotive 001 173 kreuzten. Der im zweiten Reisezugwagen des E 1791 in Richtung Hof mitfahrende Fotograf lehnte sich mit seiner mit einem Teleobjektiv bestückten Kamera sehr weit aus dem Fenster und konnte dadurch beide Züge zusammen aufnehmen. Aufnahme: Hans-Jürgen Eggerstedt

Auf dem oberen Foto dampft 001 111 mit dem E 659 »Frankenland« gegen 14.50 h in dem schon schwächer werdenden Streiflicht des ausgehenden Dezembertages des Jahres 1972 mit etwa 70–80 km/h in der Nähe von Stammbach daher. Die Altbaukessellokomotive befördert ihren Eilzug durch einen der zahlreichen Gleisbögen dieses Streckenabschnitts über einen kleinen Damm und verbreitet frostbedingt eine lange, weiße Dampfwolke über dem Wagenzug. Im Hintergrund ragen die Höhen des zum Teil über 1000 Meter hohen Fichtelgebirges auf. Der gefrorene Boden mit der andeutungsweise vorhandenen Schneedecke lässt die große Kälte des Tages erahnen. Unten hingegen, ist der am gleichen Tag gegen 13.15 h fotografierte D 853 mit seiner Lokomotive 001 168 zu sehen. Diese stimmungsvolle Abbildung entstand auf dem östlich des Bahnhofs Stammbach wieder zweigleisig befahrbaren Abschnitt. In Kürze wird der D-Zug das Ende der sich ab Marktschorgast fortsetzenden Steigung in der Nähe des Dorfes Schödlas erreicht haben und nach Münchberg im Gefälle herunterrollen.

Diese stimmungsvolle Gegenlicht-Aufnahme aus dem Dezember 1972 zeigt 001 150 vor E 659 »Frankenland« etwa zwei Kilometer östlich von Stammbach, kurz vor dem Ende des langen Steigung. Der Brechpunkt ist gleichzeitig die Wasserscheide zwischen Main und Saale. Die Altbaukessellok hatte sichtlich hart zu arbeiten, als sie mit ihrem 24-achsigen Eilzug das letzte Stück der Steigung erklomm. Nächster Halt war um 14.54 h in Münchberg.

E isig kalt war es auch an einem anderen Dezembertag des Jahres 1972. Die neubekesselte 001 131 produzierte eine gewaltige, durch das Gegenlicht in ihrer plastischen Wirkung verstärkte Dampfwolke, als sie mit dem E 659 zwischen Stammbach und dem Brechpunkt bei Schödlas in flotter Fahrt daherkam. Solche Bilder ließen vielen Freunden und Bewunderern den Abschied von den letzten rostgefeuerten Schnellzugdampfloks schwer fallen.

Diese beiden Aufnahmen zeigen zwei 01-Neubaukesselmaschinen vor ihren Eilzügen bei ihrer Fahrt durch die reizvolle oberfränkische Landschaft, östlich des Bahnhofs Stammbach. Oben sehen wir am 7. August 1971 gegen 17.15 h, wie sich 001 180 vor dem kurzen, aus Stuttgart kommenden 16-Achsen-Eilzug E 1655 das letzte Stück bis zur Wasserscheide in Richtung Hof empor arbeitet. Das spätsommerliche Wetter ist warm und trocken, sodass der Abdampf der Lokomotive kaum wahrgenommen werden kann. Fast auf den Tag genau ein Jahr zuvor, am 8. August 1970 gegen 16.25 h, ist die mit dem E 1794 von Hof kommende Schwestermaschine 001 181 im selben Abschnitt unterwegs. Der Zug verkehrte von seinem Abgangsbahnhof über Münchberg, Bamberg, Würzburg bis nach Stuttgart. Gerade hat dieser auf seinem Weg von Münchberg bis zum Brechpunkt in der Gegenrichtung einen kleinen Einschnitt bei Förstenreuth durchfahren. Beide Aufnahmen: Helmut Dahlhaus

Am 1. Januar 1973, dem ersten Tag des neuen Jahres, musste der E 658 »Frankenland« aufgrund einer Verspätung des von Görlitz kommenden D 146 geteilt werden. Während der von 001 180 gezogene E 658 mit fünf Reisezugwagen planmäßig um 13.13 h in Hof abfuhr, mussten die Reichsbahn-Kurswagen als E 12852 von 001 211 nachgeführt werden. Der Fotograf hatte sich in der Nähe des Brechpunkts bei Schödlas bei km 96,8 postiert. Mit laut hämmernden Auspuffschlägen und herrlich weißer Dampfentwicklung dröhnte die Neubaukessellokomotive mit ihrem Zug am Fotografen vorbei. Der Maschine machten die sieben DR-Wagen auf der Steigung schon ganz schön zu schaffen, sodass sie in recht langsamer Fahrweise daherkam. 001 211 gehörte zu jenen sechs baugleichen Maschinen mit neuem Hochleistungskessel, die das Jahr 1973 noch erleben durften. Bis auf 001 131 wurden aber sämtliche Lokomotiven – für 001 211 schlug am 21. April 1973 die Schicksalsstunde – noch vor Ende des Winterfahrplans z-gestellt.
Aufnahme: Hans-Jürgen Eggerstedt

Auf dem oberen Foto hat 001 173 einen Tag nach den Weihnachtsfeiertagen 1972 mit dem recht kurzen E 1791 soeben den Brechpunkt bei Schödlas überwunden und rollt mit geschlossenem Regler in Richtung Münchberg ins Gefälle. Nach einer kalten Nacht war wieder ein wolkenloser Tag zu erwarten. Die Landschaft ist gefroren und am geschlossenen Führerstandsfenster der Maschine ist abzulesen, wie frostig und schneidend kalt doch der Fahrtwind – trotz der ersten Sonnenstrahlen – ist. Ein gänzlich anderes Bild bietet die Mitte Mai 1973 an derselben Stelle entstandene untere Aufnahme. Hier ist es 001 168, die auf dem Damm mit dem E 1863 kurz vor 13.00 h durch grüne und blühende Wiesen bremsend zu Tal fährt. Im Gegensatz zur Aufnahme oben hat auch der Lokführer sein Seitenfenster wieder geöffnet.

Hier begegnet uns P 2819 mit dem Zuglauf Lichtenfels – Hof auf der Fahrt im Gefälle nach Münchberg in der Nähe der bekannten Steinbrücke unweit des Dörfchens Poppenreuth. Der an diesem Tage mit der Kabinentenderlok 052 945 bespannte Personenzug hatte seinen Ausgangsbahnhof bereits um 11.23 h verlassen. In Neuenmarkt-Wirsberg erfolgte die Überholung durch den D 853. Der Personenzug musste 25 Minuten warten, bis der vorausfahrende D-Zug Marktschorgast erreicht hatte und durfte erst um 13.02 h weiterfahren. Die Maschine rollt mit geschlossenem Regler und leicht angelegten Bremsen auf dem für 70 km/h Höchstgeschwindigkeit zugelassenen Abschnitt zu Tal.

Am Spätnachmittag eines sonnigen Julitages des Jahres 1972 stellte 051 057
die Verwendbarkeit dieser Baureihe auch vor
schnelleren Reisezügen unter Beweis, als sie
den in vorhergehenden Fahrplanperioden von
01-Lokomotiven gezogenen Eilzug E 1655 in
der Nähe Poppenreuths beförderte. Dieser
16-Achsen-Zug mit dem Laufweg Stuttgart –
Nürnberg – Bayreuth – Hof hatte eine recht
knapp bemessene Fahrzeit, daher durfte nicht
getrödelt werden. Hier rollt der Eilzug, der gerade die Main-Saale bzw. Rhein-Elbe-Wasser-
scheide überwunden hat, bei bereits tiefer ste-
hender Sonne gegen 17.10 h seinem nächsten
Halt Münchberg entgegen.

Als dieses Foto des E 1649 mit seiner Neubaukessellok 001 180 in der zweiten
Maihälfte des Jahres 1973 entstand, waren
sowohl für die Zuglokomotive als auch für die
ganze Baureihe die unwiderruflich letzten Betriebstage auf der Kursbuchstrecke 810 angebrochen. 001 180, neben ihrer Schwestermaschine 001 131 die letzte Neubaukessel-01 der
DB, erlitt am 29. Mai 1973 einen Radreifen-
bruch und wurde noch am selben Tag, nur
fünf Tage vor dem Ende des Dampfbetriebs
auf der nach Bamberg führenden Strecke,
z-gestellt. Hier kämpft sie sich gegen 18.10 h
mit ihrem 24-Achsen-Zug nicht weit von
Poppenreuth über den Abschnitt Stammbach
– Münchberg.

Der von Hof bis Würzburg als Eilzug und von dort bis zu seinem Zielbahnhof Saarbrücken als D-Zug verkehrende E/D 658 begegnete uns bereits mehrfach in diesem Buch. Es war schon allein aufgrund seiner Zuglast der eigentliche Paradezug der Strecke und die Herzen der Eisenbahnfreunde, die ihn seinerzeit noch unter Dampf erlebten, schlagen auch heute noch höher, wenn man auf den berühmten »Frankenland« zu sprechen kommt. Bis zum Herbst 1972 wurde dieser bis zu 500 t schwere Reisezug fast immer in Einzelbespannung geführt, wobei nach Möglichkeit nur die besten Hofer 01-Lokomotiven eingesetzt wurden. Besonders oft durfte z. B. 001 173 in den Sommermonaten des Jahres 1972 diesen Eilzug befördern. Es war immer ein gleichermaßen optisches wie akustisches Erlebnis, wenn eine hart an der Lastgrenze gefahrene 01 mit Altbaukessel auf der langen Rampe nach Stammbach vorbeihämmerte. Der Einsatz von Loks mit Neubaukessel wurde, da die Hofer Personale mit diesen erst ab 1966 dort beheimateten Lokomotiven auf Kriegsfuß standen, wenn immer es möglich war, vermieden. Das große Zuggewicht des »Frankenland« ließ bei den Verantwortlichen des Bw Hof aber die Erkenntnis reifen, dass für diesen Zug eigentlich zwei Maschinen planmäßig erforderlich waren. Seit dem Winterfahrplan 1972/73 fuhr also der E 658 in der Regel in doppelter Bespannung. Die Aufnahmen dieser Seite entstanden in den Weihnachtstagen 1972, oben 001 088 und 001 173 und unten 001 088 und die Neubaukessellok 001 131; beide Fotos stammen vom Abschnitt bei Poppenreuth. Die Sitte der Personale, ihre Lokomotiven vor Festtagen zu schmücken oder mit entsprechenden Aufschriften zu versehen, ging mit der Dampflokzeit unwiederbringlich zu Ende.

An einem bedeckten Morgen in der zweiten Maihälfte des Jahres 1973 hatte 001 131 den E 1648 am Haken, als sie sich mit Schwung die bis zu 1:95 starke Steigung in Richtung Schödlas hinaufarbeitete. Die beeindruckend schöne Dampf- und Qualmwolke mit dem weißen Abdampfhäubchen vor dem breiten Schornstein ist geradezu charakteristisch für die Maschinen mit Neubaukessel, die durch ihren dickeren Langkessel und durch den geänderten vorderen Umlauf besonders wuchtig wirkten.

Raureif, Bodenfrost, klirrende Kälte und strahlend blauer Himmel waren die Rahmenbedingungen, unter der diese Aufnahme Ende Dezember 1972 entstand. Unter gewaltigen schneeweißen Wolken des Abdampfes aus Schornstein und Zylinderventilen meisterte die Altbaukesselmaschine 001 111, den E 1648 am Haken, die lange Steigung westlich Münchbergs mit Bravour und beachtlicher Geschwindigkeit.

Nur ausnahmsweise kamen auch Neubaukessel-01 vor dem einzelbespannten »Frankenland« zum Einsatz. Am 14. Oktober 1972 schienen im Bw Hof die Lokomotiven knapp geworden zu sein. Nur so ist es zu erklären, dass der erst am 17. Juni des gleichen Jahres vom Bw Ehrang nach Hof umstationierten 001 227 die Ehre zuteil wurde, den E 658 ohne Vorspann von Hof nach Bamberg zu ziehen. Und das, obwohl seit dem Winterfahrplan der schwere »Frankenland« planmäßig von zwei 01-Lokomotiven befördert werden sollte. Dieser Eilzug musste auf dem hügeligen Abschnitt bis Münchberg gemäß Buchfahrplan immer stramm mit 80-95 km/h gefahren werden, sonst war der Fahrplan nicht zu halten. Etwa ab dem Bahnhof Seulbitz begann die lange Steigung bis zur Wasserscheide Saale-Main, deren Brechpunkt erst einige Kilometer westlich Münchbergs in der Nähe von Schödlas erreicht wurde. Diese Fahrt gestaltete sich für 001 227 fast zu einem Fiasko, denn als sie den Standpunkt des Fotografen auf dem Abschnitt Münchberg-Schödlas erreicht hatte, quälte sie sich mit ihrem 44-Achsen-Zug mit weniger als 30 km/h dahin und hatte Schwierigkeiten, den Zug am Laufen zu halten. Obwohl der Eilzug den Bahnhof Hof vermutlich planmäßig verlassen hatte, waren bis dahin schon satte 17 Minuten Fahrzeitüberschreitung »eingefahren«, die bis Bamberg mit Sicherheit nicht mehr aufgeholt wurden. Solche und ähnliche Vorkommnisse — es sei dahingestellt, ob sie den Maschinen anzulasten oder auf mögliche Bedienungsfehler zurückzuführen waren — trugen gewiss nicht dazu bei, den Ruf der Neubaukesselmaschinen bei den Hofer Personalen zu verbessern.

Aufnahme: Hans-Jürgen Eggerstedt

Um die Mittagszeit des 7. Oktober 1972 konnte man in der Nähe Poppenreuths bei schönem und beständigem Herbstwetter die Talfahrt des Ng 16825, gezogen von 051 889, durch die reizvolle oberfränkische Landschaft erleben.
Aufnahme: Hans-Jürgen Eggerstedt

Bahnhof Münchberg, an einem Julimorgen des besonders heißen Sommers 1972: Als der mit 050 596 bespannte P 2805 um 7.55 h aus dem Bahnhof ausfuhr, strahlte die Sonne bereits mit einer derart großen Kraft vom Himmel, dass der Abdampf der anfahrenden Lokomotive kaum noch zu sehen war. Wie heiß muss es wohl für die Maschinenmänner auf dem Führerstand ihrer Lokomotive gewesen sein? Aber auch für die Dampflokfotografen war eine solche Hitze kein Zuckerschlecken, denn oft genug gingen bei den langen Streckenmärschen mit Gepäck die Getränke aus. Abends im Quartier angekommen fiel man total erschöpft ins Bett – bis sich der Wecker am nächsten Morgen gegen 4 h wieder unsanft bemerkbar machte.

Am 29. April 1973, nur wenig mehr als einen Monat vor Beendigung des 01-Einsatzes auf dieser Strecke, rollte gegen 13.20 h der aus Stammbach kommende D 853 mit seiner Lokomotive 001 173 über das Gleisvorfeld des Bahnhofs Münchberg in Richtung Bahnsteig, dem letzten Halt des Zuges vor seinem Zielbahnhof Hof.
Aufnahme: Hans-Jürgen Eggerstedt

D er E 1649 mit Zuglauf Ludwigshafen –Würzburg–Bamberg–Hof stand im 01-Umlaufplan als Rückleistung des E 658 mit einer Wendezeit von 90 Minuten ab Bamberg. Bis zum Winterfahrplan 1972/73 war der E 658 einzelbespannt. Nachdem dann aber, wie bereits geschildert, dieser Zug aus Gewichtsgründen mit Vorspann gefahren werden musste, fuhr der E 1649 umlaufbedingt ebenfalls mit zwei Maschinen nach Hof zurück, obwohl für die in der Regel nur 250 t schwere Garnitur eine Maschine ausgereicht hätte. Im Sommerfahrplan 1971 verließ der damals noch von einer Lokomotive beförderte Eilzug Bamberg um 16.21 h und erhielt planmäßig um 17.54 h Ausfahrt aus dem Bahnhof Münchberg in Richtung Hof. Auf dem oberen Bild ist der am 9. August 1971 von 001 131 geführte Zug im Abendsonnenschein auf der Fahrt zwischen Münchberg und Seulbitz zu sehen. Am 28. Mai 1973, nur fünf Tage vor dem Ende der Planleistungen, zogen die sehr häufig als Stammloks für den E 658 »Frankenland« eingesetzten Altbaukesselmaschinen 001 008 und 001 088 den E 1649 gegen 18.25 h zwischen Seulbitz und Förbau durch die schöne oberfränkische Landschaft. 001 008, die im Jahr 1926 als 12.000. Borsig-Maschine von der Deutschen Reichsbahn in Dienst gestellt worden war, befand sich seit Dezember 1968 schon im z-Bestand.

Zu dieser Zeit entwickelte sich die Konjunktur unerwartet positiv, was die DB infolge des eintretenden Triebfahrzeugmangels veranlasste, die Ausmusterung von Dampflokomotiven weitgehend zu stoppen und selbst z-gestellte Maschinen nochmals aufarbeiten zu lassen. Dazu gehörte auch die bereits 44 Jahre alte 001 008, die im Juli 1970 wieder in den Betriebsbestand genommen und nach einer Hauptuntersuchung im Ausbesserungswerk Lingen am 10. August 1970 wieder nach Hof überführt wurde. 01 008 zählte damit zu den besten Hofer Maschinen und wurde daher auch entsprechend häufig zu hochwertigen Beförderungsleistungen herangezogen.

Aufnahme oben: Helmut Dahlhaus; unten: Hans-Jürgen Eggerstedt

Mit eingezogenem Regler rollte 001 088 an einem herrlichen Julimorgen des Jahres 1972 vor dem 28-Achsen-Eilzug E 1648 auf einem kurzen Gefälleabschnitt ihrem nächsten Halt im Bahnhof Münchberg entgegen. Die von Krupp im Jahr 1930 gebaute Lokomotive gehörte mit ihrem Alter von 42 Jahren zweifelsohne zu den »alten Kämpen« im DB-Dampflokbestand. Nach ihrer letzten Umstationierung vom Bw Rheine nach Hof am 4. Juli 1964 stand sie ununterbrochen bis zur z-Stellung am 3. Juni 1973 und Ausmusterung am 24. August desselben Jahres bei dieser Dienststelle im Einsatz.

Zweimal E 658 »Frankenland« vor einem beschranktem Wegübergang auf dem Streckenabschnitt zwischen den Bahnhöfen Seulbitz und Münchberg, der für 95 km/h Höchstgeschwindigkeit zugelassen war. Oben begegnet uns der Zug am 9. August 1971, bespannt mit der Neubaukessellok 001 131. An diesem Tag musste der aus der Kurswagengruppe Görlitz–Nürnberg unter Beistellung einiger DB-Wagen gebildete Eilzug (wieder einmal) in zwei Teilen gefahren werden, weil die DR-Kurswagen stark verspätet waren. Der hier gezeigte Zugteil »E 658« wurde in solchen Fällen zur vorgesehenen Abfahrtzeit auf die Reise geschickt, während die nach Nürnberg bestimmte Kurswagengruppe nachgeführt wurde. Das Bild unten zeigt den seit dem Winterfahrplan 1972/73 mit Vorspann gefahrenen Zug am 21. Mai 1973 an derselben Stelle. An diesem Tag hatten 001 008 als Vorspann- und die pechschwarz räuchernde 001 180 als Zuglokomotive die komplette Tour zu fahren. Bei genauerem Vergleich beider Aufnahmen fällt auf, dass die im Sommer 1971 noch vorhandenen Telegrafenfreileitungen mit ihren hölzernen Masten als unverwechselbares Zeichen einstiger Eisenbahn-Kommunikationstechnologie zwei Jahre später verschwunden waren.

Aufnahme oben: Helmut Dahlhaus

Der werktags verkehrende P 2805 Lichtenfels – Hof, der hier im Juli 1972 gegen 8.02 h mit seiner Lokomotive 052 817 nach kurzem Halt den Bahnhof Seulbitz in Richtung Hof verlässt, war schon seit 5.57 h unterwegs. Die nahezu unsichtbare Dampfentwicklung beim Beschleunigen der Kabinentenderlok ließ auch für diesen Tag hohe Temperaturen erwarten.

Der P 2852 – an den Wochenenden hieß er P 2850 – war ein typischer langsamer Personenzug mit einem Zuggewicht von rund 300 t, der auch noch zu Beginn der 70er-Jahre aus einem, zumindest aus Sicht der Eisenbahnfreunde, erfreulich abwechslungsreichen Wagenpark zusammengesetzt war. Der mit der Baureihe 01 bespannte Zug verließ Hof um 17.29 h, und da er an jeder Station hielt, erreichte er erst um 19.51 bzw. um 19.36 h an den Wochenenden seinen Zielbahnhof Lichtenfels. An einem ihrer letzten Betriebstage in der zweiten Maihälfte des Jahres 1973 hatte 001 088 den P 2852 am Haken, den sie nach Halt im Bahnhof Seulbitz in Richtung Münchberg beschleunigte. Auf diesem kurz vor 18 h entstandenen Foto hat der Zug gerade das kleine Saale-Viadukt überquert. Das Hauptsignal in der Gegenrichtung zeigt für den in Kürze eintreffenden P 2837, gefahren von einem Schienenbus, freie Fahrt.

Zugkreuzung zweier dampf-geführter Personenzüge im Sommer 1972, westlich des Bahnhofs Seulbitz: Von links nähert sich P 2819 Lichtenfels—Hof mit einer Lok der Baureihe 50, der planmäßig um 13.56 h im Bahnhof Seulbitz zum Halten kommen wird. Rechts befindet sich der von Hof nach Lichtenfels fahrende P 2828 mit einer Kabinentender voraus fahrenden Maschine derselben Baureihe auf der Weiterfahrt nach Münchberg, nachdem er um 13.53 h aus Seulbitz abgefahren war.

Die Reise in einem Dampfzug übte schon seit jeher eine besondere Faszination aus. Hier der Blick aus dem Zugfenster eines Reisezugwagens des E 658 »Frankenland« auf Lok und Wagengarnitur im Sommer 1971 bei Seulbitz. Solche und ähnliche Blicke boten sich dem Fahrgast, wenn er das Abteilfenster — damals war dies noch problemlos möglich — öffnete. Das war noch die »richtige« Eisenbahn, wenn eine schwarze Dampflokomotive, in diesem Fall eine Maschine mit Neubaukessel, gut seh- und unüberhörbar vor den Zug gespannt war. Achtgeben aber musste der Reisende schon, denn nur zu allzu leicht konnten ihm dabei Funken in die Augen fliegen oder das sprichwörtliche weiße Hemd aus ähnlicher Ursache in Mitleidenschaft gezogen werden. Geradezu fremdartig aber wirkt aus heutiger Sicht der saubere und nirgends durch Schmierereien und andere »Kunstwerke« verschönerte Wagenpark. Ob man damals fremdes Eigentum nur deshalb respektierte, weil Farb-Spraydosen noch weniger stark verbreitet waren?

Aufnahme: Hilmar Glinski

Im Sommer 1972 war die zu diesem Zeitpunkt älteste 01-Lokomotive der DB – 001 008 – besonders häufig vor dem E 1648 bis Bamberg zu beobachten. Diese Maschine war aufgrund ihrer erst im Sommer 1970 abgeschlossenen Hauptuntersuchung in einem guten Zustand und galt als guter Dampfmacher. Diesen beiden, gegen 8.45 h kurz vor dem Bahnhof Seulbitz entstandenen Aufnahmen zeigen 001 008, wie sie mit rund 100 km/h vor ihrem Eilzug durch die hügelige und abwechselungsreiche Landschaft in Richtung Münchberg donnert. In der herrschenden Stille dieser abgeschiedenen Umgebung kündigte sich das Nahen eines Dampfzuges bereits aus größerer Entfernung durch ein unverwechselbares dumpfes Grollen an. Der E 1648 gehörte zum 6. Tag des 01-Umlaufplans, der insgesamt 539 Kilometer umfasste, wobei die Lokomotive in aller Frühe als Vorspann des Ng 15397 (Lichtenfels – Hof) fungierte, dann den E 1648 bis Bamberg brachte, zurück nach Hof mit dem E 1863 kam, anschließend mit dem P 2852 nach Lichtenfels dampfte und zum Schluss den E 1799 nach Hof beförderte.

Am 25. Mai 1973 hatte wieder das bewährte Gespann 001 008 und 001 088 die Aufgabe, den E 658 »Frankenland« nach Bamberg zu ziehen. Hier rollen die beiden Lokomotiven mit ihrem langen Zug in flotter Fahrt bei km 111,1 durch Oberfranken dahin. Beim Anblick solch eindrucksvoller Dampfzüge war es wohl für viele Eisenbahnfreunde fast unvorstellbar, dass eine Woche später die ganze Herrlichkeit vorbei sein sollte.

Der D 854 hatte mit vier Reisezugwagen nur ein leichtes Zuggewicht. Er verließ Hof Hbf um 12.10 h und traf, nach Zwischenhalten in Münchberg, Kulmbach und Lichtenfels, um 13.52 h in Bamberg ein. Im Grunde genommen war ein solcher Zug für die starke 01 ein Kinderspiel, aber im ausgehenden Dampfzeitalter mussten die Maschinen eben mit den Leistungen vorlieb nehmen, die auf den letzten von ihnen bedienten Strecken anfielen. An einem Julitag des Sommers 1972 hatte 001 202 die Aufgabe, diesen Zug – hier zu sehen auf dem Abschnitt Förbau –Seulbitz – zu befördern.

Dem früher zwischen Neuenmarkt-Wirsberg und Hof von der Baureihe 01 beförderten E 1655 sind wir bereits mehrfach begegnet. In den letzten Maitagen des Jahres 1973 hatte 052 213 diesen Zug am Haken, als er in schneller Fahrt gegen 17.25 h einen kleinen Bahnüberweg bei km 109,9, etwa einen Kilometer östlich von Seulbitz passierte. Bemerkenswert ist der noch aus der früheren F-Zug-Epoche stammende, in Blau lackierte Gepäckwagen hinter der Lok.

Während der Weihnachtstage des Jahres 1972 eilte 001 088 gegen 12.20 h mit dem D 854 auf dem Streckenabschnitt zwischen Förbau und Seulbitz dahin. Die kalte Witterung begünstigte die kräftige Dampfentwicklung der Lokomotive.

An einem schönen Maitag des Jahres 1973 ist 052 213 mit dem P 2826 von Hof kurz vor 12 h zwischen dem Haltepunkt Förbau und dem Bahnhof Seulbitz unterwegs. Gerade passiert der aus wenigen Umbaupersonenwagen bestehende Personenzug den mittlerweile aufgelassenen Schrankenposten 110 a, an dem noch viele, allerdings von Demontage und Vandalismus bedrohte Relikte der alten Eisenbahn erhalten sind. Bemerkenswert sind neben den beiden typischen Wellblechbuden das früher vom Schrankenwärter bewohnte, wohl schon seit längerer Zeit leerstehende Bahnwärterhaus.

Klirrender Frost herrschte selbst um die Mittagszeit dieses Dezembertages 1972, als 001 202 mit dem von Hof kommenden D 854 in der Nähe des Dörfchens Götzmannsgrün zwischen Förbau und Seulbitz über die entlang der sächsischen Saale führende Bahnstrecke nach Westen preschte. Das stundenlange Warten auf die Dampfzüge in der gefrorenen, kahlen Landschaft wäre für einen Fußgänger bestimmt kein Vergnügen gewesen. Zum Glück aber hatten sich damals viele der untereinander bekannten Eisenbahnfreunde zusammengetan und sich auf die vorhandenen Pkw verteilt, sodass niemand zu frieren brauchte.

Immer wieder reizvoll war der weite Bogen bei Götzmannsgrün, an dem sich die Dampfzüge hervorragend fotografieren ließen. Am letzten Tag des Jahres 1972 hatte sich eine Gruppe Eisenbahnfreunde diesen vom Sonnenstand her günstigen Fotopunkt zum Ablichten der mittäglichen Dampfzüge ausgesucht. Es herrschten arge Minustemperaturen mit starkem Ostwind. Zuerst jagte gegen 12.20 h der D 854 mit seiner Lokomotive 001 150 unter einer weißen Dampfwolke heran. Diese wurde durch den starken Wind seitlich abgetrieben, sodass Lok und Zug glücklicherweise nicht verdeckt wurden. Etwa eine Stunde später kam der mit 001 202 und 001 173 bespannte, schon aus weiter Entfernung hörbare E 658 »Frankenland« in Sicht. Die beiden Loks hatten ihren 12-Wagen-Zug gut in Fahrt gebracht und eilten mit schätzungsweise 90 km/h über den Schienenstrang. Ob die Aufschriften auf den Rauchkammern der führenden Lokomotiven beider Aufnahmen von den Maschinenmännern oder von Eisenbahnfreunden stammten, ist nur teilweise geklärt. Fest steht aber, dass der Fotograf und Autor dieser Zeilen das Wort »Frankenland« auf die Rauchkammer von 001 202, der Vorspannlokomotive des E 658 mit Kreide schrieb, nachdem er von der Lokleitung erfahren hatte, dass diese Maschine Vorspann fahren sollte.

An einem klaren Julimorgen des Jahres 1972 dampfte 052 817 mit ihrem in Lichtenfels eingesetzten Personenzug P 2805 gegen 8.15 h bei km 118,9 von Schwarzenbach/Saale kommend in Richtung Oberkotzau. Auf diesem Abschnitt nahe des Dörfchens Fattigau teilen sich die Kursbuchstrecken 810 nach Bamberg und 850, die über Marktredwitz nach Weiden und Regensburg führt.

Einfahrt des von 001 131 geführten Personenzuges P 3228 in den Bahnhof Oberkotzau im Juli 1972. Wer diesen bereits in Regensburg eingesetzten P-Zug benutzte, konnte zwischen Abfahrt in der Domstadt und Ankunft in Hof während eines regelrechten Langlaufs von über 179 Kilometern fast fünf Stunden Dampfzugfahrt genießen. Davon war allerdings ein fast einstündiger Aufenthalt im Bahnhof Weiden wegen Überholung durch den D 469 abzurechnen. Als diese Aufnahme gegen 18 h entstand, war dieser kurze Personenzug schon fast am Ziel.

Der ab Hof verkehrende und aus Silberlingen gebildete E 1622 mit dem Laufweg Bamberg–Würzburg–Frankfurt–Dortmund hatte an diesem klaren Julimorgen des Jahres 1972 seinen ersten Halt in Oberkotzau gerade hinter sich. Hier rollt der von 001 168 geführte Eilzug gegen 6.50 h mit eingezogenem Regler seinem nächsten Halt in Schwarzenbach/Saale entgegen. Die seit dem 28. April 1967 zum Bestand des Bw Hof zählende Maschine machte damals noch einen recht gepflegten Eindruck.

Für die Neubaukessellok 001 180, die hier in den letzten Tagen des Winterfahrplans 1972/73 den E 1648 auf dem Abschnitt von Oberkotzau nach Schwarzenbach/Saale beförderte, waren die Tage gezählt, denn bereits am 29. Mai 1973, noch vor dem Ende der Fahrplanperiode, musste sie wegen eines Schadens vorzeitig abgestellt werden. Hier erleben wir die bullige Maschine noch einmal voll im Einsatz. Gerade hat der Meister bei km 117,7 den Regler seiner Lokomotive im Hinblick auf den in exakt drei Kilometer Entfernung zu erwartenden Halt geschlossen. Die im Hintergrund über dem Schienenstrang stehende weiße Dampfwolke zeigt an, dass dort der Regler noch geöffnet war. Nun rollt die Lokomotive unter einer träge aus dem breiten Kamin wabernden schwarzen Qualmwolke mit etwa 70 km/h im Leerlauf daher.

Die sich südlich des Bahnhofs Oberkotzau in der Nähe des Dörfchen Fattigau teilenden Bahnstrecken nach Bamberg und Regensburg boten besonders für die dampfgeführten werktäglichen Frühzüge ein ideales Fotorevier. Hier kam der fahrplankundige Eisenbahnfreund voll auf seine Kosten und verpasste, indem er seinen Standort zwischen beiden Strecken wechselte, keinen Dampfzug. Auch die Beleuchtungsverhältnisse mit »Sonne im Rücken« waren gut und völlig unproblematisch. Auf dem Bild oben donnert 001 008 mit ihrem nur montags bis freitags zwischen Hof und Würzburg verkehrenden leichtgewichtigen E 1886 kurz vor 6 h morgens unter einer langen Rauch- und Dampfwolke über die Gleise. Die Abbildung unten dagegen zeigt 001 131, die an ihrem letzten Betriebstag am 2. Juni 1973 die Aufgabe hatte, morgens den E 1622 bis Bamberg und etwa drei Stunden später den E 1863 zurück nach Hof zu befördern. Wahrscheinlich um es ihren Verehrern noch einmal zu zeigen, stürmt diese letzte 01-Neubaukesselmaschine unter einer beeindruckenden Wolke des Abdampfes mit der für diese Bauart typischen »Rauchkrawatte« vor dem Kamin gegen 6.50 h in der Frühe in Richtung Schwarzenbach/Saale dahin. Einen besseren optischen Abgang konnten sich diese überaus formschönen und fotogenen Maschinen wohl kaum verschaffen. Unverständlicherweise und ganz zu Unrecht sahen auch viele der damaligen Eisenbahnfreunde eine Altbaumaschine lieber am Zug als eine ihrer umgebauten Schwestern.

Als dieses Bild vom E 1648 mit seiner Lokomotive 001 168 an einem schönen Sommermorgen im Juli 1972 gegen 8.40 h bei Fattigau entstand, war das Ende des Planbetriebs auf dieser Strecke für diese Baureihe noch in weiter Ferne. Die Maschine befand sich mit ihrem Zug nach Halt in Oberkotzau noch in der Beschleunigungsphase, als sie unter einer nahezu rauchlosen und vorbildlichen Feuerführung des Heizers am Fotografen vorbeistampfte.

Der werktäglich verkehrende Personenzug P 3285 mit dem Laufweg Hof–Marktredwitz hielt bis zu seinem 42 Kilometer entfernten Zielbahnhof an jeder Station. Am 14. Juli 1972 hatte 050 596 die Aufgabe, diese aus drei Silberlingen bestehende Garnitur zu befördern, die hier bei der Ausfahrt aus Oberkotzau um 17.29 h zu sehen ist.

Schon fast am Ziel seiner Reise angelangt war der um 7.35 h mit seiner Lokomotive 001 173 in Bamberg gestartete E 1791, als er an diesem schon sichtlich heißen Julimorgen des Jahres 1972 um 9.30 h den Bahnhof Oberkotzau ohne Halt durchfuhr. Die Aufnahme entstand aus dem Fenster des Stellwerks.

In ihrem Erscheinen einer gedrungenen, sprungbereiten Raubkatze nicht unähnlich, donnerte im Juli 1972 die Neubaukessellokomotive 001 181 mit ihrer sehenswerten, aus DB-Schnellzugwagen gebildeten Garnitur des E 1648 gegen 8.40 h dröhnend über den Schienenstrang in Richtung Schwarzenbach/Saale. Dieses Foto, das die am Bildrand links oberhalb des Wagenzuges befindliche Bahnstrecke nach Weiden und Regensburg erkennen lässt, entstand bei km 119,4, unmittelbar vor dem Dörfchen Fattigau. Bei Verwendung eines Teleobjektivs kam die kraftvoll-bullige Formgebung dieser — zumindest nach Meinung des Autors — ausgesprochen schönen Hochleistungslokomotiven besonders gut zur Geltung. Kaum ein halbes Jahr später, am 1. November 1972, erfolgte die z-Stellung dieser Maschine, der am 21. Dezember desselben Jahres durch Ausmusterung das unvermeidliche Ende ihres Lokomotivlebens folgen sollte.

Zwar war die letzte Fahrt für die mit entsprechendem Rauchkammerschmuck versehene Lokomotive 001 131 erst am folgenden Tag, aber so genau nahmen es die Maschinenmänner des Bw Hof offenbar nicht mehr. Hier befördert die Maschine am 1. Juni 1973 den kaum die Länge der Lokomotive überschreitenden werktäglich verkehrenden P 2803 auf dem Abschnitt Schwarzenbach/Saale-Oberkotzau in Richtung Hof. Die Fahrzeit des Personenzuges betrug für die 24 Kilometer von Münchberg nach Hof genau 31 Minuten, von 7.04 bis 7.35 h. Mit solchen Zügen, für die sie bestimmt nicht konstruiert worden war, musste die 01 am Ende ihrer Laufbahn umlaufbedingt auf den wenigen, noch verbliebenen Einsatzstrecken manchmal auch vorlieb nehmen.
Aufnahme: Helmut Dahlhaus

m Mai 1973 brachte 050 915 mit Kabinentender einen Personenzug nach Hof. Hier befährt der Zug den weiten Bogen im Tal der Saale zwischen Oberkotzau und Hof-Moschendorf. Rechts im Hintergrund ist die Betonbrücke der Bundesstraße B 15 (Hof – Marktredwitz) zu erkennen.

001 088 legt sich mit ihrem D 854 bei ca. 80 km/h auf
dem Streckenabschnitt Hof-Moschendorf—Oberkotzau
in die Kurve, kurz nachdem der Zug das Saaleviadukt
überquert hat. Dieses Foto, das an einem heißen Julitag
des Jahres 1972 entstand, dokumentiert noch einmal
eindrucksvoll die Rasanz und Schönheit des Einsatzes
großrädriger Schnellzuglokomotiven vor Reisezügen in
einer heute längst vergangenen Epoche.

Während der letzten Betriebstage im Mai 1973 gibt der Meister etwa um 6.45 h zwischen Hof-Moschendorf und Oberkotzau bei Döhlau seiner mit mindestens 80 km/h vor dem E 1622 dahinjagenden Altbaukessellokomotive 001 111 die Sporen. Der Zug überquert gerade einen durch Anrufschranke gesicherten Feldweg. Im Hintergrund erkennt man die Brücke über die Bundesstraße B 15.

Das südlich des Haltepunktes Hof-Moschendorf gelegene kleine Viadukt über die sächsische Saale war ursprünglich für viergleisigen Betrieb ausgelegt. Auch nach dem erfolgten Rückbau auf zweigleisige Betriebsführung zeugt dieses Bauwerk noch heute von der einstigen Bedeutung der von Hof ausgehenden, in verschiedene Richtungen führenden Bahnstrecken. Das obere Bild, aufgenommen im Frühdunst eines Maimorgens des Jahres 1973 mit 001 111 vor dem in voller Länge abgebildeten E 1622, lässt die große Breite dieses Bauwerks gut erkennen. Auf der im selben Monat entstandenen Aufnahme darunter stehen die Wiesen in vollem Saft, als 001 150 mit dem aus DR-Reisezugwagen bestehenden D 12852 über den Viadukt in Richtung Oberkotzau donnert. Diese Reisezuggarnitur war die Kurswagengruppe Görlitz–Nürnberg, die infolge der verspäteten Ankunft des D 146 in Hof nicht mit dem E 658 vereint werden konnte, sondern nachgeführt werden musste.

Schönheit und Kraft der Neubaukesselmaschinen zeigen diese beiden Aufnahmen: Unter einer majestätischen Dampfwolke beschleunigt um die Weihnachtstage 1972 die Neubaukessellokomotive 001 131 den kurzen D 854 rasant durch den engen Gleisbogen, unmittelbar nachdem der Zug das links befindliche Bahnbetriebswerk Hof passiert hat. Diese beiden Bilder mit der für die 01 mit Neubaukessel geradezu typischen Form des Abdampfes verdeutlichen wohl mehr als viele Worte, warum zumindest der Autor ein besonderer Verehrer dieser schönen, fotogenen Maschinen ist. 001 131 gehörte nach Aufgabe der Dampflokunterhaltung des Bw Nürnberg und Beendigung der dortigen Planleistungen seit dem 24. Mai 1967 zum Bw Hof und sollte als letzte betriebsfähige Neubaukesselmaschine dieser Baureihe am 3. Juni 1973 z-gestellt werden.

Am 14. Mai 1970 hatte 001 111 die Aufgabe, den in dieser Fahrplanperiode noch als E 458 bezeichneten »Frankenland« von Hof Hbf nach Bamberg zu befördern. Seine Abfahrtzeit in Hof Hbf war 13.00 h, die Ankunft im 127 Kilometer entfernten Bamberg 14.58 h. Ab Sommerfahrplan 1970 wurde die Zugnummer in E 658 geändert. Hier legt sich die Altbaukesselmaschine mit ihrem Zug bei km 126 in die Kurve. Eisenbahnfreunde, die sich um die Mittagszeit an der südlichen Ausfahrt des Bahnhofs Hof postiert hatten, fühlten sich noch im Jahr 1970, sofern sie diese Zeit überhaupt bewusst erlebt hatten, in die frühen 60er-Jahre zurückversetzt. Innerhalb von zweieinhalb Stunden waren etwa zehn ein- und ausfahrende Dampfzüge zu beobachten, in der Mehrzahl mit 01 bespannte Reisezüge. So oder ähnlich musste der Betrieb noch zehn Jahre zuvor an jedem größeren Bahnhof in der Bundesrepublik ausgesehen haben.

Auch der P 2274, der an Werktagen Hof Hbf um 13.53 h in Richtung Marktredwitz verließ, gehörte zum umfangreichen Mittags-Programm dieses Dampflok-Reservats. Am 14. Mai 1970 donnerte dieser Zug gleich mit zwei Maschinen, den Lokomotiven 050 792 als Vorspann- und 051 057 als Zuglokomotive an der Spitze, am Fotografen in Richtung Hof-Moschendorf vorbei. Rechts im Bild sind Schornstein und ein Teil der Werksanlagen der Vogtländischen Baumwoll-Spinnerei zu erkennen. Der Personenzug benutzte mit seinem umlaufbedingten Leervorspann ab Fattigau die nach Weiden-Regensburg führende Kursbuchstrecke 425 (ab Sommerfahrplan 1970 geändert in KBS 850) und erreichte um 14.36 h seinen Zielbahnhof Marktredwitz.

Der täglich ab Saarbrücken über Mannheim und Heidelberg verkehrende E 659 »Frankenland« erreichte um 13.08 h den Bahnhof Bamberg. Für die letzten 127 Kilometer bis Hof kam nun eine 01 an den Zug. Der Lokwechsel mit allen damit verbundenen Tätigkeiten musste innerhalb von zwölf Minuten vonstatten gehen, denn Abfahrt war um 13.20 h. Über Lichtenfels, Burgkunstadt, Kulmbach, Neuenmarkt-Wirsberg und Münchberg erreichte der Eilzug den Bahnhof Hof Hbf planmäßig um 15.15 h. Hier rollt er kurz vor dem Ziel mit der Lokomotive 001 180 am 17. Juli 1972 durch die unmittelbar dem Bahnbetriebswerk Hof vorgelagerte Linkskurve.

Noch am 14. August 1969, nur acht Tage vor ihrer z-Stellung nach Fristablauf, konnte 001 067 mit Altbaukessel bei der Ausfahrt aus Hof Hbf beobachtet werden. Sie hatte den bereits vorgestellten D 146 nach Regensburg und München am Haken, den sie unter kräftigten Auspuffschlägen langsam in Fahrt brachte. 001 067 war erst am 1. August 1968 vom Bw Trier, wo sie mit den übrigen Maschinen dieses Bw die Eifelstrecke nach Köln bis zur Ablösung durch Dieselloks der Baureihe 216 bedient hatte, nach Hof umstationiert worden.

An einem herrlichen Mai-
morgen des Jahres
1973 erhielt 001 168 exakt um
6.40 h mit ihrem Eilzug E 1622
in Hof Hbf den Abfahrauf-
trag. Unter lautem Getöse stößt
die Maschine eine riesige
Abdampfwolke in den strahlend blauen Himmel, als sie
sich mit ihrem Zug in Richtung
Bamberg in Bewegung setzt.
Nur kurze Zeit später sollten
solche Bilder der Vergangenheit angehören.

Unter kräftigen Auspuffschlägen verlässt am 14. August 1969 die Neubaukesselmaschine 001 200 mit dem E 1794 um 15.52 h Hof Hbf. Bis zur Ankunft in Bamberg um 17.48 h sollte die 01 vor dem Zug bleiben. 001 200 war über Rheine und Paderborn am 24. Februar 1969 nach Hof gelangt, wurde dort am 27. April 1971 z-gestellt und anschließend noch einige Zeit als Heizlok in der Bw-Außenstelle Marktredwitz verwendet.

An einem kalten Dezembertag gegen Jahresende 1972 verließ um 11.38 h der täglich zwischen Hof und Lichtenfels verkehrende P 2826 mit seiner Kabinentenderlokomotive 050 093 unter Volldampf den Hofer Hauptbahnhof. Etwa anderthalb Stunden später waren die an diesem Tag für die Beförderung des E 658 »Frankenland« eingeteilten Altbaukesselloks 001 088 und 001 173 damit beschäftigt, der aus der DDR pünktlich eingetroffenen Kurswagengruppe Görlitz –Nürnberg einige zusätzliche DB-Wagen beizustellen und daraus den E 658 zu bilden. Hier ziehen die gekuppelten Maschinen die DB-Wagen vor, die sie wenige Augenblicke später an den Bahnsteig zurückdrücken werden.

Im grenzüberschreitenden Reisezugverkehr mit der DDR setzte die Deutsche Reichsbahn bis zum Ende des Winterfahrplans 1966/67 Dampflokomotiven der Baureihe 22 nach Hof ein. Diese sehr leistungsstarke und besonders für Mittelgebirgsstrecken sehr geeignete Dampflokbaureihe entstand zwischen 1958 und 1962 in insgesamt 85 Einheiten durch Rekonstruktion und Neubekesselung aus der früheren preußischen P 10 und späteren Baureihe 39. Infolge des sich auch bei der Deutschen Reichsbahn der DDR langsam vollziehenden Traktionswechsels war das Leben dieser Baureihe kürzer als erwartet. Nach Hof kamen Maschinen vom Bw Reichenbach/Vogtland, die seit Februar 1959 dort stationiert waren. Für den Interzonenverkehr über den Grenzübergang Gutenfürst nach Hof waren jeweils zwei Lokomotiven im Umlaufplan 1 abgestellt. Im Feiertagsverkehr zu Weihnachten, Ostern und Pfingsten waren wegen der erforderlichen Verstärkungswagen oftmals zwei Maschinen dieser Baureihe am Zug. Die beiden nach und ab Hof mit der Baureihe 22 bespannten Interzonenzugpaare D 137/138 von Leipzig über Hof nach München sowie das Zugpaar D 145/146 Dresden–Plauen–Hof–München, bei dem die Baureihe 22 über 226 Kilometer am Zug blieb, gehörten neben dem Zugpaar D 1045/1046 Stuttgart–Hof–Dresden zu den wichtigsten Bespannungen des Bw Reichenbach. Im Mai 1966, kurz vor ihrer Umbeheimatung zum Bw Halberstadt, ist 22 030 an der nördlichen Ausfahrt des Bahnhofs Hof Hbf vor dem 44-Achsen-Zug D 1045 bei der Abfahrt in Richtung Gutenfürst zu sehen. Die Lokomotive wurde am 9. April 1969 ausgemustert.

Zum Sommerfahrplan 1965 standen dem Bw Reichenbach die ersten Streckendieselloks der Reihe V 180 für den Reisezugverkehr zur Verfügung, die zum Teil die Leistungen der Baureihe 22 nach Hof übernahmen. Hierzu gehörte auch V 180 032, die am 16. August 1967 in Hof Hbf rückwärts an ihren Zug setzte. Aufmerksam verfolgt der kleine Junge am linken Bildrand das Rangiermanöver.

Etwas mehr als ein Jahr später gehörten Dampfloks vor Reisezügen im Interzonenverkehr von und nach Hof bereits der Geschichte an. Seit dem Frühjahr 1967 waren dem Bw Reichenbach fabrikneue Diesellokomotiven der Baureihe V 200 zugeteilt worden, die die Baureihe 22 zum 30. Mai 1967 vor den Zügen von und nach Hof komplett ersetzten. Am 16. August 1967 war die fast fabrikneue V 200 050 vor dem D 1045 an der nördlichen Bahnhofsausfahrt von Hof Hbf kurz vor der Abfahrt zu bewundern. Mittlerweile sind auch diese, unter dem Namen »Taigatrommel« bekannt gewordenen Maschinen nur noch bei privaten Bahnunternehmen im Einsatz.

Heimat der letzten 01-Lokomotiven der DB

Das Bahnbetriebswerk Hof

Bahnhof und Bahnbetriebswerk (Bw) Hof erfreuten sich bei den Eisenbahnfreunden großer Beliebtheit und wurden darin nur noch – zumindest in Franken – von der »Schiefen Ebene« übertroffen. In Hof musste man nicht auf die Züge warten, denn in Bahnhof und Bw, den beiden Zentren des Dampfes, gab es fast zu jeder Tageszeit irgend etwas Interessantes zu sehen.

Bis zur Gründung der Deutschen Reichsbahn Gesellschaft (DRG) war der Bahnhof Hof der Grenzbahnhof zwischen den Staatsbahnen Sachsens und Bayerns. Daher entstanden in Hof sowohl für die Bayerische- als auch für die Sächsische Staatseisenbahn räumlich getrennte Lokschuppen und Behandlungsanlagen. Das aus den Schuppen 1 und 2 bestehende, Anfang der 70er-Jahre noch vorhandene und genutzte Bahnbetriebswerk war der frühere bayerische Teil. Von den im Norden des Bahnhofs für Sachsen zuständigen ehemals vorhandenen Schuppen 3 und 4 hat nur der als Busremise zweckentfremdete Schuppen 4 bis heute überdauert.

Im Gegensatz zur Baureihe 01, wohl jedem Eisenbahnfreund ein Begriff, ist die Vierzylinder-Verbund-Variante 02 wesentlich weniger geläufig. Ihr Bau wurde zwar gegen den Widerstand der mehrheitlich der Zweizylinderbauweise zugeneigten Verantwortlichen durchgesetzt, aber ihre konstruktive Ausführung war so unglücklich gewählt, dass der Sieg der Zwillingsvariante von vornherein feststand. Als in den Jahren 1925/26 jeweils zehn Maschinen beider Bauarten zu Vergleichszwecken in Dienst gestellt und erprobt wurden, kam was kommen musste: der Heißdampf-Zwilling zeigte sich seiner vierzylindrigen Verbundschwester in vielen Punkten überlegen. Damit schien die Überlegenheit der einstufigen Dampfdehnung bewiesen und es stand fest, dass keine weiteren 02 mehr beschafft zu werden brauchten. Die Baureihe 02 wurde im Jahr 1929 beim Bw Hof konzentriert. Ab 1937 wurde jeweils nach Fristablauf ihr Umbau in Zweizylinderloks durchgeführt und die Maschinen bis auf eine Ausnahme am Schluss der Nummernfolge der Baureihe 01 eingereiht. Dazu gehörte auch 01 234, die ehemalige 02 003, die mit nur kurzen Unterbrechungen seit dem 21. September 1938 dem Bw Hof angehörte und über 40 Jahre lang auf den von diesem Bw bedienten Strecken vor Reisezügen Dienst tat. Während die übrigen ehemaligen 02-Maschinen zwischen 1962 und 1968 ausgemustert wurden, machte 01 234 noch die Umzeichnung auf das EDV-Nummernsystem im Jahr 1968 mit und hielt sich bis 1972 im Einsatz. Sie wurde am 5. Juni 1972 z-gestellt, am 15. November desselben Jahres ausgemustert und anschließend im DB-Ausbesserungswerk Braunschweig zerlegt. Letztmalig im Winterfahrplan 1966/67 fuhren mit Nürnberger Personal besetzte Hofer 01 das Zugpaar D 247/248 bis nach Stuttgart. Als dieses Foto von 01 234 am 22. Juni 1967 im Bw Stuttgart Hbf entstand, war das Ende dieser Epoche nur noch drei Monate entfernt. Sie ging am 23. September 1967, als 01 181 mit dem D 247 um 15.23 h den Stuttgarter Hbf in Richtung Nürnberg verließ, endgültig zu Ende.
Aufnahme: Jürgen Mielke

In den 30er-Jahren zählte das Bw Hof nach München, Nürnberg und Würzburg zu den größten Bahnbetriebswerken in Bayern. Zu Beginn der 40er-Jahre erreichte das Bw Hof mit bis zu 140 Dampflokomotiven und 1100 Bediensteten seinen Höchststand. Während man die damalige, schon bald darauf zur 01 umgebaute Baureihe 02 im schweren Reisezugdienst auf den 20-t-Strecken zwischen Regensburg und Leipzig einsetzte, wobei in Hof das Personal gewechselt wurde, liefen die leichteren Maschinen der Baureihen 18^4 und 18^5 (bayr. S 3/6) auf jenen Linien, die noch nicht für diese Achslast ausgebaut waren. Dazu gehörte auch die Strecke über Neuenmarkt-Wirsberg nach Bamberg. Eine nach Stückzahlen große Bedeutung hatten im Bw Hof der Vorkriegszeit die Baureihen 38^{10} (preuß. P 8), 54 (bayr. G 3/4 H), 58 (G 12), 64, 86 sowie eine Reihe von Lokomotiven für Nebenbahndienste; hinzu kamen noch einige Dieseltriebwagen. In

den 30er-Jahren war das Bw Hof außerdem für die Bespannung der Regierungssonderzüge auf den Abschnitten zwischen Leipzig und Regensburg zuständig. Diese Züge liefen grundsätzlich in Doppelbespannung, wobei aus Sicherheitsgründen ein ebenso bespannter Vorzug verkehren musste. Im Sommerfahrplan des Jahres 1939 wurde der Bahnhof Hof von 37 Schnell-, 7 Eil- und 52 Personenzügen angelaufen. Während des Zweiten Weltkrieges stiegen vor allem die Anforderungen im Güterverkehr. Weite Teile der vier Lokschuppen und Betriebsanlagen fielen noch Anfang April 1945 den Bomben zum Opfer.
Die Reduzierung des Lokbestandes nach Kriegsende führte dazu, dass nur noch die heute bekannten Schuppen 1 und 2 wiedererrichtet wurden. Die politische Entwicklung hatte zu einschneidenden Änderungen geführt und den Standort Hof zu einer fast bedeutungslos gewordenen Randlage de-

gradiert. Bis zum Oktober 1957 konnten sich die letzten bayerischen S 3/6 im Bw Hof halten, danach waren neben der 01 nur noch Maschinen der Baureihen 38[10], 50, 64 und 86 dort heimisch. Im Januar 1957 bekam das Bw Hof auch die ersten Dieselloks der Baureihe V 60 als Neuanlieferungen zugeteilt. Die 44er des Bw Weiden, die den Güterverkehr auf der Regensburger Strecke bis zum Grenzübergang Hof-Gutenfürst versahen, waren ständige Gäste im Hofer Bw. Anfang Januar 1965 führte der Hofer Lokleiter 90 Lokomotiven, darunter 17 der Baureihe 01, in seinen Bestandslisten. Da Hof zum Auslauf-Bw für diese Baureihe wurde, erhöhte sich deren Bestand bis Januar 1971 auf 22 Maschinen. Im Sommer 1972 gab es für die 01er noch zwei Umlaufpläne mit vier bzw. drei Plantagen.

Die Maschinen wurden auch von Weidener und Lichtenfelser Personalen gefahren. Bei der Außerdienststellung unterschied man nicht mehr zwischen Alt- und Neubaukesselmaschinen, maßgebend waren allein die Untersuchungsfristen. So konnte es geschehen, dass Lokomotiven mit kaum zehn Jahre alten Neubaukesseln früher »auf den Rand gestellt wurden«, wie es in der Eisenbahnersprache hieß, als Maschinen mit 40 und mehr Jahre alten Altbaukesseln mit günstigeren Fristen. Als das Bw Regensburg Dieselloks der Baureihe 218 erhielt, kündigte sich für die 01 der endgültige Abschied an. Mit dem Winterfahrplan 1973/74 endete der verbliebene 01-Planeinsatz endgültig. 001 150 erbrachte am 29. September 1973 vor dem Personenzug 3228 von Regensburg nach Hof die letzte Planleistung dieser Baureihe bei der DB. Den in Hof weiterhin beheimateten 50ern blieb noch eine kurze Gnadenfrist. Sechs Maschinen leisteten immerhin noch im Durchschnitt 312 Kilometer pro Tag. Am 1. Februar 1975 wurden die letzten Exemplare an das Bw Lehrte abgegeben.

Zu den interessanten Fahrzeugen in Bahnhof und Bw Hof gehörten auch die im Interzonenverkehr eingesetzten Lokomotiven der Deutschen Reichsbahn (DR) der DDR. Dieser Interzonenverkehr lief über den Grenzübergang Hof-Gutenfürst und wurde ab Sommer 1954 in Form des Schnellzugpaares D 145/146 zwischen München und Leipzig sowie des zu Feiertagen verkehrenden Entlastungspaares D 1045/1046 eingerichtet. Zuletzt waren es Dampflokomotiven der Baureihe 22 des Bw Reichenbach/Vogtland, die bis zum Ende des Winterfahrplanes 1966/67 in diesen Diensten verwendet und im Bw Hof restauriert wurden. Danach setzte die Reichsbahn Diesellokomotiven der Baureihen V 180 und V 200 ein. Gemäß alliierter Vereinbarungen durften nach Berlin bestimmte Güterzüge ab Juli 1965 auch über Hof laufen, sodass auch DR-44er nach Hof kamen.

Zwischen 1974 und 1975 wurden die gesamten Baulichkeiten dieser einstigen Wallfahrtstätte der Eisenbahnfreunde zugunsten eines Neubaus beseitigt, in der Terminologie der Bahn AG mittlerweile »Betriebshof« genannt.

Zur Dampflokzeit war die Drehscheibe nicht nur der zentrale Mittelpunkt eines Bahnbetriebswerks, sondern bot gerade auch den Eisenbahnfotografen vielfältige Möglichkeiten, ihre Stars der Schiene in aller Ruhe und von allen Seiten abzulichten. Das Bw Hof besaß als Zufahrt zum Lokschuppen 1 und zu den Standgleisen eine 23-m-Drehscheibe der Einheitsbauart. Darauf steht am 14. August 1969 Neubaukessellok 001 211. Den Hintergrund bildet das markante Verwaltungsgebäude.

Am Nachmittag des 17. Juli 1972 stand 001 180 unter dem aus der Reichsbahnzeit stammenden Wiegebunker, der mächtigen Groß-bekohlungsanlage des Bahnbetriebswerks Hof. Die Neubaukesselmaschine war um 15.15 h mit dem E 659 aus Bamberg eingetroffen und wird, wie es in der Sprache der Eisenbahner heißt, »restauriert«. Diese Lokomotive hatte gemäß Aufschrift auf der Pufferbohle ihre letzte L 2-Zwischenuntersuchung am 15. April 1969 in Lingen erhalten und gehörte damit zu denjenigen Maschinen, die aufgrund der kurzzeitig aufstrebenden Konjunktur in den Genuss dieser lebensverlängernden Untersuchung kamen.

Frontalansicht der Lokomotive 001 234, aufgenommen am 14. Mai 1970 im Bw Hof: Die Maschine wurde ursprünglich als Heißdampf-Vierzylinder-Verbundlok 02 003 im Jahr 1925 unter der Fabrik-Nummer 20462 von Henschel & Sohn in Kassel an die Deutsche Reichsbahn-Gesellschaft geliefert und noch im gleichen Jahr dem Bw Erfurt P zugeteilt. 1929 gelangte sie zum Bw Hof und wurde im Jahr 1938 im Reichsbahn-Ausbesserungswerk Meiningen in eine Zweizylinderlok der Baureihe 01 umgebaut. Seit dem 17. September 1938 war sie nahezu ununterbrochen bis zur Ausmusterung am 8. November 1972 beim Bw Hof beheimatet. Während ihres über 34-jährigen Lebens als 01 (ab 1968: 001 234) war die Lokomotive manchen Änderungen unterworfen: So verschwanden Anfang der 50er-Jahre die großen Wagner-Windleitbleche zugunsten der kleineren, aber ebenso wirkungsvollen Witte-Bleche, und der Tender 2'2' T 32 wurde gegen einen größeren der Bauart 2'2' T 34 ausgetauscht. Außerdem baute man auch die Frontschürze ab.

Die am 24. Juni 1966 vom Bw Köln-Deutzerfeld nach Hof umstationierte 01 173 präsentierte sich im oberen Bild am 16. August 1967 noch mit ihrer ursprünglichen Beschilderung auf der Drehscheibe ihres neuen Heimat-Bw. Die Maschine gehörte zu den allerletzten Vertretern ihrer Gattung und erlebte das Ende der Dampftraktion in Hof. Nach ihrer z-Stellung am 1. November 1973 wurde die Maschine zur Freude vieler Dampflokfans nicht ausgemustert, sondern von den Ulmer Eisenbahnfreunden erworben, die sie bis zur Ende 1975 fälligen Hauptuntersuchung bei verschiedenen Sonderfahrten einsetzten. Unten begegnen wir am 14. August 1969 vor dem Verwaltungsgebäude des Bw Hof, in dem auch die Lokleitung saß, der zur Übernahme eines Güterzuges bereitstehenden 044 667 vom Bw Weiden. Die gut ausgelasteten 44er des Bw Weiden bespannten noch 1972 in zwei Umlaufplänen mit insgesamt sieben Maschinen schwere Güterzüge nach Hof, Kirchenlaibach, Regensburg und Nürnberg, wobei Tagesdurchschnittsleistungen von immerhin 352 bzw. 369 Kilometer erreicht wurden.

An einem frostig-kalten Morgen des 20. Dezember 1972 befand sich 001 088 bei km 126,8 im Bahnhofsbereich auf Leerfahrt, um auf diese Weise an ihren Eilzug nach Bamberg zu gelangen. Die Morgensonne und der mit Raureif überzogene Boden boten vollendete Fotobedingungen für die in Dampf gehüllt daherkommende Lokomotive.

Winterdienst im Bw Hof im Dezember 1972: Wassernehmen und Inspektionsarbeiten an den Lokomotiven 050 596 (Bild oben) und 001 202. Letztere wird in der unteren Aufnahme gleichzeitig entschlackt. Im Rahmen der Abrüstarbeiten hatte sich das Lokpersonal von dem technisch ordnungsgemäßen Zustand ihrer Maschine zu überzeugen. Dazu gehörte z. B. auch die optische Prüfung von Achsen, Stangen, Radreifen und Lagern auf mögliche Anbrüche oder Heißläufer sowie die Versorgung sämtlicher Schmierstellen wie Achslager und Gleitbahnen mit frischem Öl. Lokführer und Heizer teilten sich diese Arbeiten, für die Ölkanne, Fettpresse, Hammer und Schraubenschlüssel zu den wichtigsten Utensilien zählten. Dass diese Tätigkeiten bei minus 12 Grad Frost, wie an diesem Tag, nicht immer ein Vergnügen waren, lässt sich besonders am Meister der 001 202 ersehen, der seine Inspektion im Mantel mit hochgezogenem Kragen durchführt. Der Heizer untersucht derweil die Speisepumpe.

Im Schatten der Schnellzugdampfloks und aufgrund ihrer recht seltenen Einsätze weniger stark im Blickfeld standen die im Bw Hof beheimateten Loks der Baureihe 86. Davon wurden je nach Jahreszeit bis zu drei Maschinen insbesondere für Sonderleistungen, Arbeits- und
Hilfszüge, Heizlokdienste, als Diesellok- und Schienenbusersatz und im Winter zusätzlich zum Schneepflügen, unter Dampf gehalten. Im
Jahr 1969, in dem das obere Foto der Maschinen 086 346, 705 und 171 entstand, waren zwischen fünf und acht Maschinen dieser Baureihe in Hof vorhanden. Im Sommer 1972 übernahm das Bw Hof zeitweise die Reservelokgestellung für Bamberger V 80 (280)-Diesel-
loks. Mit Beginn des Winterfahrplans 1972/73 erhielt Hof die beim Bw Nürnberg Rbf überzählig gewordenen Maschinen, die auf ihrer
neuen Einsatzstelle aber auch nicht gebraucht wurden, sondern nur die kalte Reserve bildeten. Zum 1. Januar 1973 war der Bestand auf
13 Maschinen angewachsen. Nach Ausmusterungen und Überstellung von vier Lokomotiven an das Bw Schweinfurt befand sich zum
Jahresende 1973 nur noch 086 201 als Winterreserve im Betriebsbestand. Die untere Aufnahme zeigt 086 809, die mehrfach vor Son-
der- und Arbeitszügen eingesetzt wurde, im Mai 1973 über der Ausschlackgrube.

Das schöne Portrait der mit einem Schneeräumer ausgerüsteten 086 809 gelang am 3. Juni 1973 vor dem Verwaltungsgebäude des Bw Hof. Diese eigentlich bereits am 24. März 1973 z-gestellte Maschine wurde speziell für die Tagung des Bundesverbands Deutscher Eisenbahnfreunde äußerlich aufgearbeitet und bespannte im Rahmen dieser Veranstaltung mehrere Sonderzüge. Am Tag der Aufnahme beförderte sie einen Zug von Hof über Selbitz, Naila, Helmbrechts und Münchberg wieder zurück nach Hof. Das Schicksal der z-Stellung ereilte diese Lokomotive nunmehr endgültig am 27. Oktober 1973, worauf die Ausmusterung am 6. März 1974 folgte.
Aufnahme:
Helmut Dahlhaus

Von Oberfranken in die Oberpfalz

Die Strecke Hof–Weiden

Etwas im Schatten der Bamberger-Linie mit der berühmten »Schiefen Ebene« stand bei den Eisenbahnfreunden die Strecke von Hof nach Weiden und weiter in Richtung Regensburg. Und das eigentlich ganz zu Unrecht, denn einmal abgesehen von der geringeren Zahl an 01-Leistungen auf dieser Strecke, war auf dieser Linie ein nicht unerheblicher Dampfbetrieb in Form von Personen- und Güterzügen mit den Baureihen 44 und 50 zu beobachten. Von den 01-Lokomotiven kamen auf der Kursbuchstrecke 850 vor allem neubekesselte Maschinen zum Einsatz. Darüber hinaus verkehrten bis zum Sommerfahrplan 1971 noch jeweils ein von der Baureihe 01 bespanntes Zugpaar zwischen Hof und Regensburg und von Hof nach Nürnberg über Marktredwitz, Kirchenlaibach und Hersbruck. Vor beiden Zugpaaren wurden seither Regensburger Dieselloks der Baureihe 218 eingesetzt.

Die Züge von und nach Weiden hatten zwar keine derart gewaltigen Rampen wie die »Schiefe Ebene« zu überwinden, trotzdem waren die langen Steigungen durch das Fichtelgebirge keineswegs unbedeutend. In ihrer landschaftlichen

Abbildung vorige Seite:

Wir befinden uns an der von Hof über Marktredwitz, Weiden und Schwandorf nach Regensburg führenden Kursbuchstrecke 850, die von Hof bis Oberkotzau gemeinsam mit der Bamberg–Würzburger-Linie (KBS 810) auf einem Schienenstrang geführt wird. Beide Strecken teilen sich aber östlich des Dorfes Fattigau. Dabei führt die ansteigende Regensburger Bahnlinie auf einem langen Damm in Richtung des nächsten Bahnhofs Martinlamitz. Morgens in der Frühe herrschte auf beiden Strecken dichter Zugverkehr mit Dampflokomotiven, wobei die Baureihen 01, 44 und 50 regelmäßig zu beobachten waren. Bereits um 5.26 h verließ der werktägliche P 3215 Hof Hbf in Richtung Regensburg, der infolge 01-Mangels ab Winterfahrplan 1972/73 immer häufiger von Hofer 50ern gefahren werden musste. Der P 3215 erreichte seinen Zielbahnhof Regensburg um 9.56 h und benötigte für die 179 Kilometer genau 270 Minuten. Hier zieht die mit einem Einheitstender der Bauart 2'2' T 26 ausgerüstete 052 213, den Personenzug im Mai 1973 in aller Herrgottsfrühe gegen 5.35 h in den sonnigen Morgen. Zug und Wiesen sind von Tau überzogen. Solche Aufnahmen entschädigten reichlich für die — wohlgemerkt freiwillig! — gegen 4.30 h abgebrochene Nachtruhe.

Schönheit und Abwechselung stand diese Strecke der Linie nach Bamberg in nichts nach. Unzählige einsame Fotostellen mit in Wäldern und Wiesen eingebetteten weiten Gleisbögen, Dämmen und Einschnitten gab es auch hier zu entdecken, die aber im Gegensatz zu der Strecke nach Bamberg wohl nur von den wenigsten Eisenbahnfreunden ausgenutzt wurden. Schade eigentlich, aber man hätte im ausgehenden Dampfzeitalter einfach mehr Zeit gebraucht, um die vielfältigen, auch zu Beginn der 70er-Jahre noch vorhandenen Möglichkeiten richtig ausschöpfen zu können.

Die Fahrt nach Weiden beginnt in Hof Hbf in 495 m Meereshöhe. Zunächst verläuft die Bahn mit der Strecke nach Bamberg auf gemeinsamer Trasse und in leichtem Gefälle in Richtung Oberkotzau, wobei auf einer gemauerten Gewölbebrücke bei Hof-Moschendorf die Saale überquert wird. Ein kurzes Stück südlich des in 486 m Höhe gelegenen Bahnhofes Oberkotzau, gabeln sich in der Nähe des Dorfes Fattigau — wie bereits an anderer Stelle erwähnt — beide Strecken.

Die in Richtung des 5,9 Kilometer entfernt verlaufenden Martinlamitz führende Bahnlinie wird auf dem ersten Abschnitt parallel zur Bamberger Strecke mit einer deutlich sichtbaren Steigung von 1:150 in Richtung Fichtelgebirge geführt und überwindet damit bereits 33 m Höhenunterschied. Auch bis zum nächsten, in 558 m Meereshöhe befindlichen Bahnhof Kirchenlamitz steigt die Strecke mit dem gleichen Wert an und schafft damit auf 6,5 Kilometer weitere 39 Höhenmeter. Bis Marktleuthen geht die Bahnlinie bergab, und zwar bis auf 544 m, um dann aber bis Röslau auf ihren höchsten Punkt von 583 m anzusteigen. Damit ist die Wasserscheide zwischen der Elbe im Norden und der Donau im Süden überschritten. Auch auf diesem Abschnitt waren die Erbauer bemüht, den Steigungsgrad ziemlich konstant auf 1:150 zu halten. Ab Röslau fällt die Strecke und über den Bahnhof Holenbrunn mündet die Bahn nach 42 Kilometern im 536 m hoch gelegenen Bahnknoten Marktredwitz, Kreuzungspunkt der Linien Hof–Regensburg und Nürnberg–Eger.

Auf dem Weg zum Bahnhof Pechbrunn, früher Groschlattengrün genannt, führt die Strecke über die Höhen des Steinwaldes und steigt nochmals auf 555 m Meereshöhe an, um dann bis Wiesau auf 506 m abzufallen. Die weiteren 27 Streckenkilometer über Reuth und Windisch-Eschenbach bis Neustadt a. d. Waldnaab weisen ein Gefälle von exakt 100 m bei Werten zwischen 1:130 und 1:200 auf. In Neustadt biegt die Strecke nach Eslarn ab, die lange Zeit eine Domäne der in Weiden beheimateten Baureihe 64 im Personen- und Güterverkehr war. Der in 397 m Höhe gelegene Bahnhof Weiden ist nach weiteren sechs Kilometern erreicht.

Die Stadt Weiden, einer der wichtigsten Handelsplätze der Oberpfalz, erhielt vergleichsweise spät im Jahr 1863 durch die bayerische Ostbahn ihren Bahnanschluss. Erst durch die Bahnanbindung entwickelten sich Wirtschaft und Industrie positiv. Neben dem Bahnbetriebswerk, das in der früheren Bundesbahndirektion (BD) Regensburg mit Abstand die meisten Dampflokomotiven beherbergte, verfügte Weiden auch über ein Ausbesserungswerk. Im Jahr 1969 verfügte das Bw Weiden über jeweils 15 Loks der Baureihen 44 und 50, sowie elf Personenzug-Tenderloks der Reihe 64. In Weiden wurde die letzte 64 der DB am 30. September 1974 z-gestellt und im Dezember 1975 wurde das Bw als letzte nunmehr zur BD Nürnberg gehörenden Dienststelle dampffrei.

Von Weiden sind bis Regensburg, dem Endpunkt der Kursbuchstrecke 850, weitere 87 Kilometer zurückzulegen. Hierbei verläuft die Bahn größtenteils in einem sanften Gefälle und sinkt bis Regensburg schließlich auf 339 m Meereshöhe.

Unter mächtiger Rauch- und Dampfentwicklung arbeitete sich im Dezember 1972 die Lokomotive 052 339 mit einem nach Weiden bestimmten Güterzug an dem auf der linken Seite liegenden Bahnbetriebswerk Hof vorbei durch die lange Rechtskurve in Richtung Hof-Moschendorf und Oberkotzau. Neben den 44ern des Bw Weiden wurden auch die Hofer 50er vor Güterzügen auf der Regensburger Strecke eingesetzt. Im Hintergrund sind die markanten Türme der Hofer Lorenz-Kirche zu erkennen.

Der täglich um 6.23 h ab Hof Hbf nach Marktredwitz verkehrende Personenzug P 3257 war im Sommerfahrplan 1972 noch mit der Baureihe 01 bespannt. Hier fährt die in Dampf gehüllte 001 211 mit einer beeindruckenden, aus dem breiten doppelwandigen Kamin hervortretenden Dampfwolke gegen 6.33 h in den klaren Julimorgen. Die Morgenkühle sorgte für den herrlichen Abdampf der Lokomotive.

Am 10. August 1971 war es die Altbaukesselmaschine 001 202, die die 80 t »Last« des werktäglich verkehrenden P 2243 (ab Hof 16.33 h) bei Fattigau nach Schwandorf zu ziehen hatte. In Marktredwitz hatte dieser Zug von 17.21 h bis 18 h Aufenthalt und erreichte daher seinen 137 Kilometer entfernten Zielbahnhof erst um 19.52 h. Die Beförderung derart unstandesgemäßer Züge ließen sich vor allem zum Ende der Dampflokzeit, als die Magistralen, für die diese starken Maschinen vorgesehen waren, schon weitgehend elektrifiziert oder verdieselt waren, oft nicht vermeiden. Aufnahme: Helmut Dahlhaus

Kaum schwerer war der P 2243 in der Sommerfahrplanperiode des darauffolgenden Jahres, der am 23. Mai 1972 von 001 180 gezogen wurde. Der Personenzug ist hier kurz nach der Gabelung beider Strecken südlich des Bahnhofs Oberkotzau auf dem Damm in Richtung Martinlamitz zu sehen. Unten ist die Strecke nach Bamberg, die bis Münchberg an der Saale entlang führt, zu erkennen. 01 und Personal des P-Zuges blieben über Nacht in Schwandorf. Am nächsten Morgen ging es mit dem P 2202 um 5.20 h auf die Rückreise nach Hof; die Ankunft war um 8.33 h.
Aufnahme: Hans-Jürgen Eggerstedt

In der Frühe eines Juli-tages des Jahres 1972 verlässt der P 3215 mit der Neubaukessellok 001 103 um 5.39 h den Bahnhof Martinlamitz in Richtung Kirchenlamitz/Marktred-witz. 001 103 gehörte seit dem 24. Oktober 1969 dem Bw Hof an und wurde zusammen mit ihrer Schwes-termaschine 001 227 am 5. Januar 1973 wegen Ab-lauf der Fahrwerksfrist z-ge-stellt. Anschließend wurde sie noch einige Zeit als Heiz-lok in der Bw-Außenstelle Marktredwitz verwendet, da ihre Kesselfrist bis zum 23. November 1975 den stationären Einsatz gestatte-te.

Ende Mai 1973 entstand diese stimmungsvolle Gegenlichtaufnahme des in Richtung Martinlamitz fahrenden P 3215 mit seiner Lokomotive 052 213 auf dem Damm bei Fattigau. Zum Winterfahrplan 1972/73 gab es einen dreitägigen werktäglichen Umlauf, in dem jeweils nach Verfügbarkeit die Baureihen 01 und 50 eingesetzt wurden. Durch Abstellung von 01-Lokomotiven gingen diese Leistungen aber schon ab Januar 1973 mehr und mehr auf die 50er über. Zur Deckung des Lokbedarfs bekam das Bw Hof in der Folgezeit mehrere 50er vom Bw Nürnberg Rbf zugewiesen. Mit Beginn des Sommerfahrplans 1973 übernahmen Hofer Dieselloks der Baureihe 211 (V 100)

verschiedene Dampfleistungen. Auch 1974 setzte das Bw Hof noch sechs 50er mit einer durchschnittlichen Laufleistung von 212 km pro Tag im Güter- und Personenzugdienst ein. Am 11. Januar 1975 beendete 050 281 mit dem Personenzug P 5819 aus Lichtenfels den Einsatz von Dampfloks im Reisezugdienst dieses Bw. Zum 1. Februar 1975 war das Bw Hof »dampffrei« und damit die DB ihrem Ziel, alle Dampflokomotiven baldmöglichst aus dem Dienst zu nehmen, wieder ein Stück nähergekommen.

Eine 01 mit Neubaukessel prescht vor dem P 3215, dem Frühzug von Hof nach Regensburg, im Juli 1972 gegen 5.35 h im Gegenlicht der aufgehenden Sonne auf der Fahrt zwischen Oberkotzau und Martinlamitz daher. Die Loknummer war wegen der großen Entfernung und der ungünstigen Sichtverhältnisse leider nicht zu erkennen.

Ein Glücksfall für den Fotografen: Am Morgen des 1. Juni 1973 begegneten ihm auf dem Damm bei Fattigau (zwischen den Bahnhöfen Oberkotzau und Martinlamitz) die beiden Lokomotiven 086 809 des Bw Hof und 064 415 des Bw Weiden als Lz-Fahrt nach Kirchenlaibach. Ab Kirchenlaibach hatten sie den am folgenden Tage anlässlich der BDEF-Tagung verkehrenden 14-Wagen langen Sonderzug über Bayreuth nach Neuenmarkt-Wirsberg zu befördern. Anschließend fungierte 086 809 als Schublok über die »Schiefe Ebene«. Die wenigen noch verbliebenen 64er des Bw Weiden vollbrachten im Sommerfahrplan 1973 mit einem Nahgüterzugpaar von Weiden nach Eslarn die letzten Planleistungen dieser Baureihe bei der DB. Die Aufnahme, auf der in der Bildmitte die in Richtung Bamberg führende Strecke zu erkennen ist, öffnet einen weiten Blick über das abwechslungsreiche Hügelland Oberfrankens.

Z weimal 01-Neubaukessel vor dem P 3215 im Frühdunst eines Julitages 1972, beobachtet bei der Ausfahrt aus dem Bahnhof Martinlamitz: Oben sehen wir 001 180, die ihren Zug unter einer weißen, sich mit dem Dunst des beginnenden Tages vermischenden Dampfwolke beschleunigt. Unten ist 001 131 mit dem an diesem Tage wesentlich kürzeren Personenzug um 5.39 h aus Martinlamitz ausgefahren.

052 184 hat Mitte Mai 1973 mit dem P 3243 gegen 16.45 h zwischen Fattigau und Martinlamitz in der Nähe des Dorfes Schwingen (bei km 82,6) einen kleinen Einschnitt durchfahren. Der abgebrannte Bahndamm im Hintergrund ist das Resultat eines durch Funkenflug der Dampflokomotiven verursachten Brandes. Um die Gefahr dafür zu minimieren, war die Unterhaltung von Feuerschutzstreifen besonders wichtig.

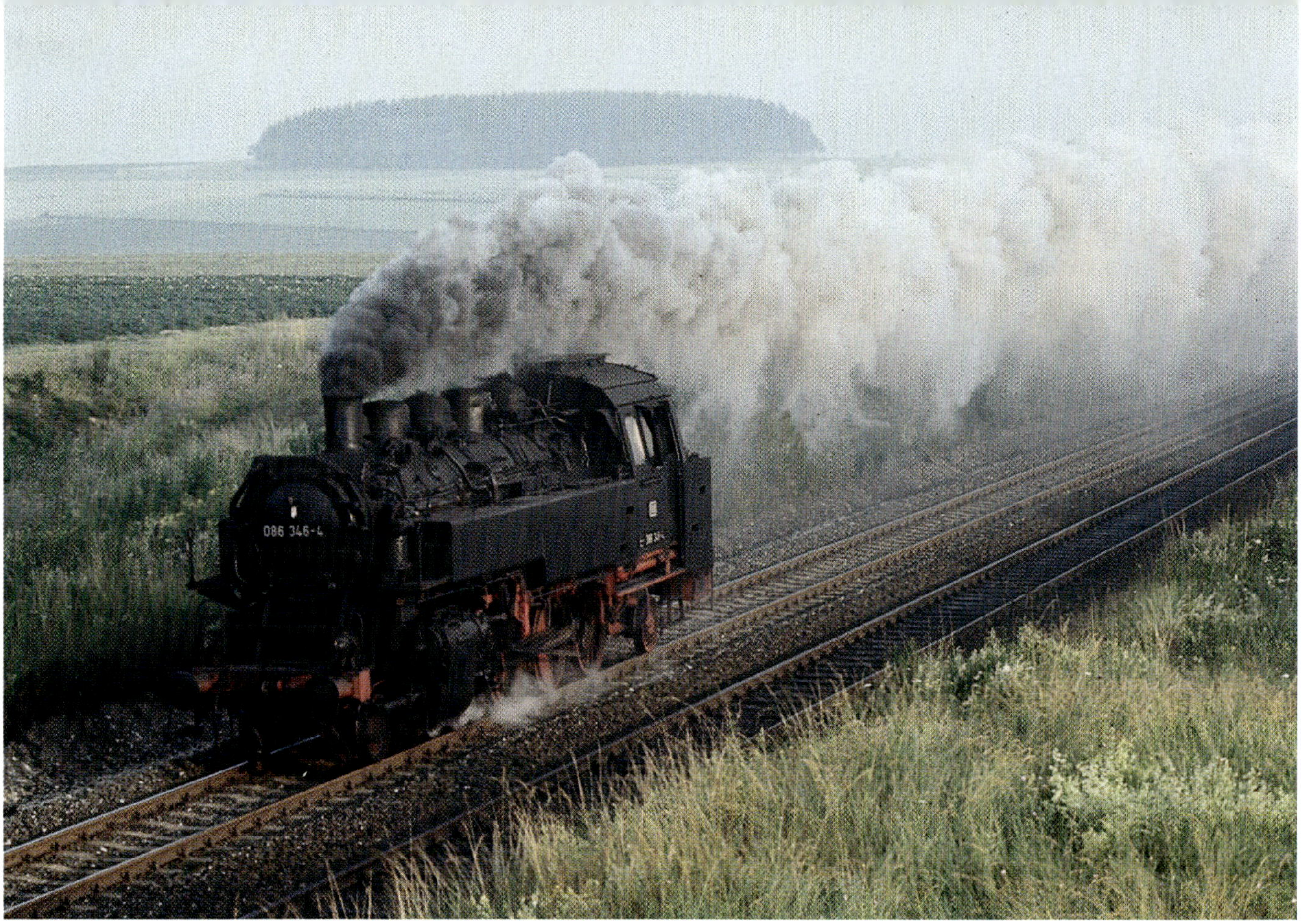
086 346-4

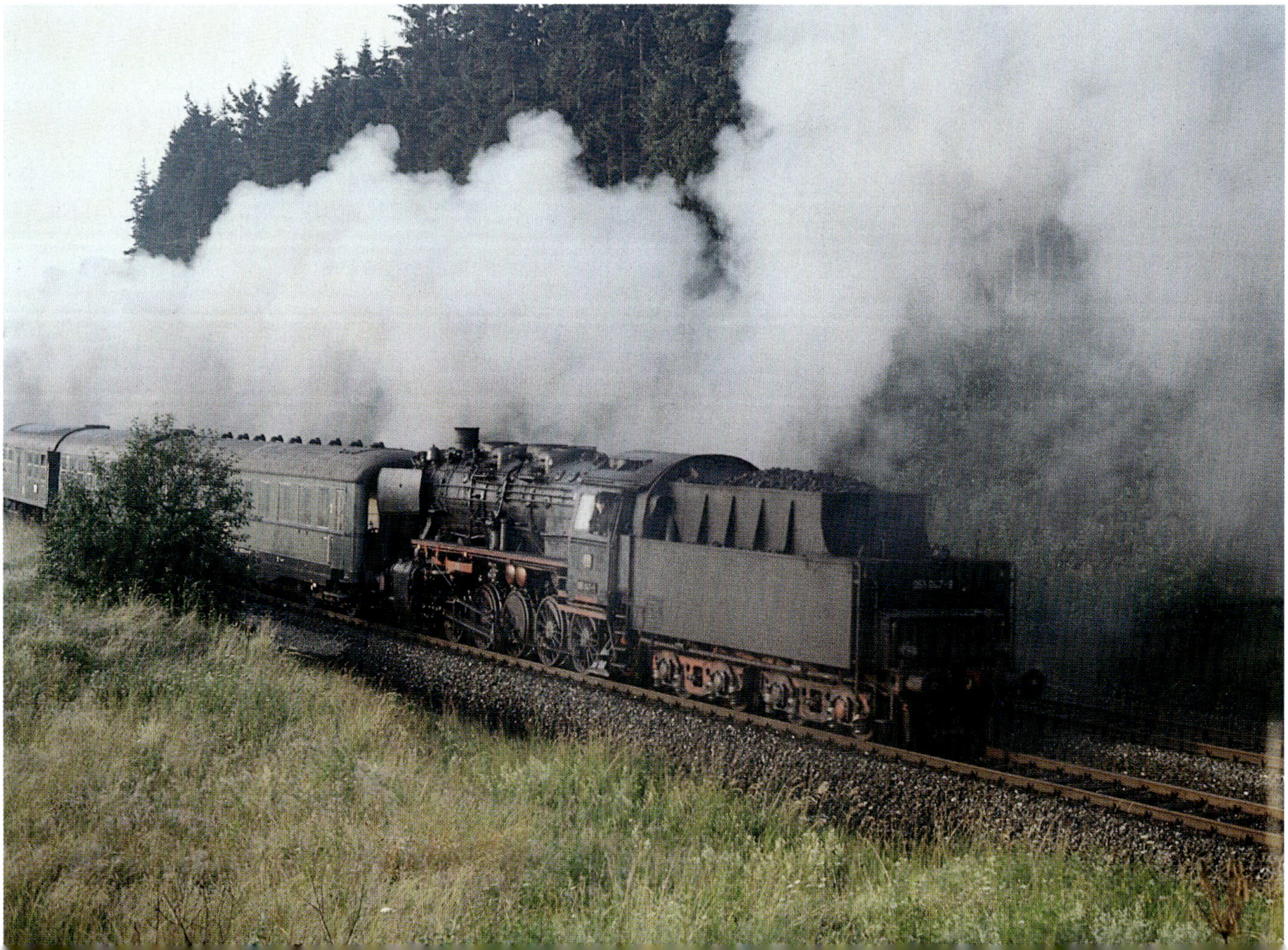

Die Bildserie auf dieser Seite zeigt eine Zugkreuzung besonderer Art auf dem Streckenstück zwischen Martinlamitz und Kirchenlamitz. Sie fand an einem Julimorgen des Jahres 1972 gegen 6.15 h statt. Als Lz-Sonderleistung und Überführungsfahrt in Richtung Ulm passierte die bereits am 21. Juni 1972 z-gestellte 086 346 des Bw Hof die auf einer Feldwegüberführung südlich des Bahnhofs Martinlamitz gelegene Fotostelle des Fotografen. Durch schnelles Wechseln auf die andere Seite der Brücke war ein reizvoller Nachschuss auf die qualmende, mit etwa 60 km/h recht flott daherdampfende Tenderlokomotive möglich. Sekunden später durchfuhr in der Gegenrichtung der aus Marktredwitz kommende P 3250 mit seiner Lokomotive 051 047 die noch über den Gleisen stehenden Rauchwolken der aus dem Blickfeld entschwundenen 86. Dieser kurze Personenzug ist aus zwei dreiachsigen B3yg-Umbauwagen sowie einem direkt hinter der Lok laufenden Reichsbahn-Schürzenwagen gebildet. 86 346 war am 21. Juli 1972 von den Ulmer Eisenbahnfreunden zwecks betriebsfähiger Erhaltung erworben worden und traf nach Überführung mit eigener Kraft am 1. August im Bw Ulm ein.

Die durch ausgedehnte, einsame Waldungen führende Bahnstrecke bot im Abschnitt Marktleuthen–Kirchenlamitz viele hervorragende Fotomotive. Diese sehr lohnende Magistrale lag weitgehend im Schatten der Bamberger Strecke mit der »Schiefen Ebene«. Denn auf ihr verkehrten nur wenige 01-Maschinen und daher bevorzugten die meisten Eisenbahnfotografen – der Autor eingeschlossen – die Strecke nach Bamberg. Heute freut man sich, vereinzelt einen Dampfzug in dieser abgeschiedenen Gegend geschossen zu haben. 044 412 ist nachmittags im Mai 1973 in der Nähe der Ortschaft Dörflas zwischen Marktinlamitz und Kirchenlaibach vor einem langen Nahgüterzug zu sehen. Das Bw Weiden verfügte selbst zum Ende der Dampflokzeit über einen relativ konstanten, nur langsam abnehmenden Bestand von Lokomotiven dieser Baureihe. Anfang Januar 1973 waren es immerhin noch 22 Maschinen, deren Zahl sich bis zum 1. Januar 1975 noch auf 16 Einheiten hielt. Planmäßig benötigt wurden im Winterfahrplan 1972/73 zehn Maschinen, die teilweise vom Bw Nürnberg Rbf eingesetzt wurden und bis zu 271 km pro Tag erbrachten. 044 412 wurde am 31. Mai 1974 z-gestellt und am 18. September des gleichen Jahres ausgemustert.

Dieses am 13. Juli 1972 gegen 16.40 h in der Nähe des Dorfes Schwingen zwischen Oberkotzau und Martinlamitz entstandenen Foto des P 3243 mit seiner Lokomotive 053 087 zeigt die Schönheit dieser Bahnstrecke. Das kurze, montags bis freitags nach Schwandorf verkehrende Züglein verließ Hof Hbf um 16.33 h. Die Güterzuglokomotive der Baureihe 50 war für derartige Einsätze fast ebenso unwirtschaftlich wie die in diesen Plänen zuvor fahrende Schnellzugbaureihe 01. Der zum Ende der Dampflokzeit immer häufiger zu beobachtende Einsatz der Baureihe 50 vor solchen Zügen geschah fast immer aus Mangel an geeigneteren Maschinen, weil kurz vor der Traktionsumstellung in etlichen Bw der Bestand an Streckendampfloks meist nur noch aus Maschinen dieser Baureihe bestand. Bereits zu Beginn der 50er-Jahre hatten Untersuchungen zu dem Ergebnis geführt, dass die Verwendung der Baureihe 50 im Reisezugdienst aufgrund ihrer Größe mit unwirtschaftlichem Kohleverbrauch und erhöhten Werkstattkosten wegen der höheren Geschwindigkeiten – die zulässige Höchstgeschwindigkeit der Baureihe 50 betrug 80 km/h – bezahlt werden müssten. An diesem Befund hatte sich auch 20 Jahre später nichts geändert.

044 197 (ehemals 44 1204) war eine mit Riggenbach-Gegendruckbremse ausgerüstete Maschine, die zusammen mit anderen Lokomotiven dieser Baureihe erst am 1. Oktober 1972 vom Bw Nürnberg Rbf zum Bw Weiden umstationiert worden waren. Die bisherigen Einsatzbereiche und das Bw Nürnberg Rbf als Einsatz-Bw blieben aber weiterhin unverändert bestehen. Die beiden in Weiden vorhandenen Gegendruckbremsmaschine kamen – sofern sie nicht vom Bw Augsburg für im Auftrag des BZA München unternommene Messfahrten als Bremslokomotiven in Beschlag genommen wurden – auch in den regulären Streckeneinsatz. Hier kommt 044 197 im Mai 1973 vor einem gut ausgelasteten Nahgüterzug in Richtung Weiden auf einem Steigungsabschnitt in der Nähe von Dörflas bei Kirchenlaibach in langsamer Fahrt daher.

044 333 rollt mit einem kurzen Güterzug am Nachmittag des 10. August 1971 bei km 84,2 auf dem Abschnitt Martinlamitz – Oberkotzau in der Nähe von Fattigau ohne Anstrengung zu Tal. Diese langgestreckte Kurve mit ihrem erhöhten Standpunkt eignete sich – wie im übrigen viele andere auch – hervorragend für Foto- und Filmaufnahmen. 044 333 musste am 5. April 1974 ihren Dienst quittieren, der die Ausmusterung am 24. August 1974 auf dem Fuße folgte.

Aufnahme: Helmut Dahlhaus

Güterzüge auf der Strecke von Hof nach Weiden: Oben sehen wir 044 667, die an einem Julitag den Dg 8052 bespannte, auf dem Abschnitt bei Fattigau in Richtung Oberkotzau nahezu rauchlos zu Tal rollen. Auf dem Bild unten ist eine Lok der Baureihe 50 am Nachmittag des 13. Juli 1972 in der Gegenrichtung vor dem Dg 8087 zwischen Schwingen und Martinlamitz zu beobachten.

Für die letzten vier noch im Sommerfahrplan 1973 beim Bw Hof als Reserve vorgehaltenen 01-Lokomotiven 001 008, 111, 150 und 173 wurde wegen Knappheit an Regensburger Dieselloks der Baureihe 218, die eigentlich alle Dampfleistungen hätten übernehmen sollen, ab 3. Juni 1973 noch ein eintägiger Umlaufplan eingerichtet. Dieser Plan umfasste die Personenzüge P 3215 und P 3228 von Hof nach Regensburg und zurück. Während dieser Fahrplanperiode waren häufig drei Maschinen unter Dampf, eine für die Planleistung und zwei weitere als Reserve im Bw Hof, die auch recht häufig vor ausgefallenen 218 sowohl nach Regensburg als auch nach Bamberg über die »Schiefe Ebene« zum Einsatz kamen. So durfte 01 008 am 14. Juni 1973 den D 409 zwischen Hof und Regensburg bespannen. Darüber hinaus standen verschiedene Sonderzüge für diese allerletzten 01-Maschinen der DB auf dem Programm. Mit Ablauf des Sommerfahrplans am 29. September 1973 gehörte aber auch dieser Mini-Dienstplan für diese letzte kohlegefeuerte Schnellzugbaureihe der DB der Geschichte an. An diesem Tag bespannte 001 150 letztmalig das o.g. Zugpaar zwischen Hof und Regensburg. Nur noch fallweise kamen die weiterhin als Reserveloks vorgehalten Maschinen bei Dieselausfall während des Herbstes zum Einsatz. Sämtliche vier 01-Maschinen waren bis zum Jahresende 1973 z-gestellt oder bereits ausgemustert. Auf diesem Bild sehen wir 001 111 vor dem P 3215 Anfang Juni 1973 gegen 7.10 h in der Nähe der zwischen den Bahnhöfen Windisch-Eschenbach und Neustadt a.d. Waldnaab gelegenen Ortschaft Lamplmühle in voller Aktion.

Als dieses Foto des mit der Neubaukessellok 001 131 bespannten P 2235 am 12. August 1971 um 15.44 h bei der Ausfahrt aus Marktredwitz in Richtung Weiden–Regensburg aufgenommen wurde, stand das Ende der Dampftraktion auf dieser Linie noch nicht unmittelbar bevor. Unter einer mächtigen Qualmwolke beschleunigt diese Maschine ihren Personenzug an einer Reihe sehenswerter Mietshäuser aus der Jahrhundertwende vorbei in Richtung Weiden, das sie um 16.34 h erreichen wird.
Aufnahme: Helmut Dahlhaus

Bahnhof Weiden in der Oberpfalz, Anfang Juli 1972: Am frühen Nachmittag setzte die äußerlich noch gut gepflegte Kabinentenderlok 051 725 den schweren, nach Hof bestimmten Dg 8104 unter kräftigen Auspuffschlägen in Bewegung. Die Maschine gehörte zum Bestand des Bw Weiden, dessen bauliche Anlagen links im Hintergrund zu sehen sind.

173

Der Bahnhof Weiden war schon seit jeher ein wichtiger, an der Hauptstrecke Hof–Regensburg gelegener Kreuzungspunkt, von dem zusätzlich sowohl die über Pressath, Kemnath und Speichersdorf nach Bayreuth führende Strecke abzweigte, als auch die Nebenbahn nach Eslarn ihren Ausgang nahm. Bis zum Ende des Winterfahrplans 1972/73 wurde diese Strecke noch von der Baureihe 64 im Personenzugdienst befahren. Der Sommerfahrplan 1973 brachte in Sachen Dampf, wie fast überall, wenig Gutes. Immerhin fuhr noch das von der Baureihe 01 gezogene Zugpaar P 3215 und P 3228 und hatte dort jeweils für eine Pause. An diesem Junitag 1973 ist es der um 15.21 h aus Richtung Regensburg in Weiden eingefahrene P 3228 mit seiner Zuglok 001 111, der hier überholt werden sollte und erst um 16.13 h in Richtung Hof starten durfte.

Zum Abschluss sei noch ein Schmankerl präsentiert: Im Sommerfahrplan 1972 erhielten an Werktagen sowohl der P 3280 nach Marktredwitz als auch der P 4084 nach Eslarn um 13.20 h gleichzeitig Ausfahrt. Dies wurde von den Lokpersonalen des Öfteren zum Anlass genommen, auf den über wenige hundert Meter parallel führenden Strecken Wettfahrten zu veranstalten. An einem leider bedeckten Julitag des Jahres 1972 hatte 001 211 den Zug nach Marktredwitz, 064 295 die Eslarner Leistung zu erbringen. Die bei km 0,5 entstandene Aufnahme zeigt erwartungsgemäß die wegen ihrer kleineren Treibräder besser beschleunigende 64 als Sieger. Derart attraktive betriebliche Situationen – früher an vielen Bahnhöfen eine Alltäglichkeit – fand man in den letzten Jahren des Dampfbetriebes bei der DB nur noch selten!

Sechs Jahre zuvor, im Jahr 1967, hatte das Bw Weiden mit den dort beheimateten Baureihen 38.10, 44, 50, 64 und 86 noch eine für heutige Begriffe geradezu unvorstellbare Typenvielfalt aufgewiesen. Erst 1964 waren die letzten ehemals bayerischen Länderbahnmaschinen abgestellt worden. Die mit Wannentendern ausgerüsteten preußischen P 8 liefen bis zum Sommerfahrplan 1968 vor Personen- und vereinzelt auch Eilzügen in dieser Region. Zu den letzten dort beheimateten Maschinen dieser Baureihe zählte 38 4035, die hier am 15. September 1967 vor dem P 1228 nach Regensburg im Bahnhof Weiden zum Halten gekommen ist. Diese Lokomotive war erst am 19. April 1967 vom Bw Schwandorf nach Weiden umstationiert worden. Nach Ende der Planleistungen hielt man sie bis zu ihrer z-Stellung am 5. April 1968 als Reserve und für Sonderdienste unter Dampf vor. Am 2. Oktober 1968 wurde sie ausgemustert.
Aufnahme: Jürgen Mielke